# SOMALI GRAMMAR
# REVISION

# SOMALI GRAMMAR REVISION

## Liban A. Ahmad

authorHOUSE®

AuthorHouse™
1663 Liberty Drive
Bloomington, IN 47403
www.authorhouse.com
Phone: 1-800-839-8640

Published by AuthorHouse    01/22/2013

ISBN: 978-1-4817-8174-9 (sc)
ISBN: 978-1-4817-8175-6 (e)

# Contents

   Using an intransitive verb with two
   objects—More grammar points on
   conjugation groups 1-3b—Irregular Verbs
   and verbal nouns—Reflexive—Potential
   (Used in spoken Somali)—The use of Somali
   deictic prepositions *soo* and *sii*—Using
   *sow*—Using *waxa aan/waxa aad* etc. for two
   structures—Conditionals—Variant form of
   negative conditionals—Forms of verbs used
   for variant conditional future or conditional
   past negative—How to say 'I wish I did
   not'—How to say "I wish I did"—Using'
   leh' to mean 'regardless of "(only for
   spoken Somali or poetry)—Using 'leh' for
   "it would be nice" constructions—A table
   of *'leh'* used for "it would be nice" and "I
   wish I had . . ." structures—Using *kar/karay*
   (can/could/could have) for a hypothetical
   past/future—The verb to be—Asking
   what—Asking 'what' when subject is not

known—The rootless verb *leh*—Tables of *leh* as *'odho'*—The imperative verb *kaalay*— Use of preverbal object pronouns kay, kaa, kiin, keen/ka(a)yo—Using a verb without a mood classifier—Table of verbs used for affirmative, variant past tense—Using equivalent of 'whether' in spoken Somali and table of verbs conjugated for "whether" structure

Adverb of manner—Preverbal adverb *dib u*—The adverb 'aad' (very)—How to say "it is not that cheap/far etc."—Adverb of time—Adverbs of frequency—A list of Somali frequency adverbs—How to say 'ever/never' in Somali

Coordinating conjunctions—Correlative conjunctions

A table for **'og'** used for interjections—Some interjection words—How to say **'up to me'** etc. in Somali

# Introduction

Somali Grammar Revision is intended for
learners of Somali as a second language and
covers eleven Somali grammatical categories
ten of which are covered in major Somali
grammar books. The eleventh grammatical
category included in this book is the *interjection.*
However, there are seven grammatical categories
discussed in detail in the book. They are: noun
declensions, verb, adverb, adjective, preposition,
conjunction and interjection. The remaining
four—pronoun, mood classifiers, determiners
and focus words—are discussed either within
the seven units on grammatical categories or
in the summary grammatical points. Of the
seven grammatical categories discussed in the
book, the verb and the adjective, 20% of Somali
grammatical categories, constitute more than
80% of written and and spoken Somali because
use of tenses affects both grammatical categories.

Although the fortieth anniversary of written
Somali was celebrated recently, users of standard

Somali seldom make the distinction between written and spoken language. This book addresses many aspects of spoken Somali that pass for written standard Somali but that raise questions about grammaticality. Imagine reading an interview containing the following sentence: **Ma maqal wax war ah**. The Somali language learner knows **maqal** is a conjugation 1 verb in an imperative form. In standard Somali grammar, a verb in an imperative form does not follow a negative sentence marker (**ma**). To a native speaker the sentence will mean *'I have not/he has not heard any news'*. Standard Somali grammar does not account for this and other grammatical anomalies that Somali language learners come across in spoken and written Somali.

## How to use this book

Apart from two sections—grammatical notes and revision notes—the book contains seven units on Somali grammatical categories. Familiarity with Somali grammatical categories will be useful when making use of this book. The Somali grammatical categories are:

1- Noun (declensions, common nouns, proper nouns and abstract noun)
2- Pronoun (independent pronouns, verbal subject pronouns and objective case pronouns e.g. i; ku; na/ina; and idin)
3- Verb (conjugation 1-3b and irregular verbs)
4- Adverb (of manner, of time and of frequency)
5- Adjective (adjectives, adjectival nouns and attributive adjectives)
6- Preposition (preverbal prepositions and deictic words)
7- Conjunction (coordinating and correlative conjunctions)
8- Mood classifier (waa, ma)
9- Focus word (e.g. baa, ayaa and waxa)
10- Determiner (definite article, possessive and demonstrative determiners)
11- Interjection (e.g. fiicanaa!)

There are verb, adjective, preposition and noun declension tables in the book. The verb table is meant to help the learner practise tenses and consolidate his/her understanding of conjugation groups and irregular verbs. The Somali active sentence word order is: **subject, object and verb** (S.O.B.). There are descriptive notes with the rest of tables in the book. To the Somali language learner or reader of this book I say: *ku soo dhowow buuggan*.

Liban Ahmad

December, 2012.

London.

# Verbs

There are two types of Somali verbs: weak verbs and strong verbs. Conjugation groups (1, 2a, 2b, 3a, and 3b) are weak verbs. Irregular verbs (*odho, ool, imow* and *aqow* are strong verbs. A Somali verb is either a transitive or intransitive. Transitive verbs need a subject and object. An intransitive verb needs only a subject e.g. Wuu daalay—*He is tired*) or an impersonal pronoun '**la**' e.g. Waa la daalay—*One is tired*).

There is another type of a verb within conjugation 1 group. It is called a passive verb. This type of verb is from an adjective but not all adjectives can be formed into a passive verb. Adjectives such as *furan* and *xidhan* are both passive and intransitive verbs. A passive verb is not used imperatively.

**Examples**

Albaabku wuu furmay—*The door has opened.*
Daaqaddu way xidhantay—*The window has closed.*

1

Passive verbs are rarely used with independent pronouns (*aniga, adiga, isaga, iyada, innaga, idinka* and *iyaga*). Passive verbs are not used with objective case pronouns (i, ku, na/ina and idin) without a preposition (e.g. Albaabku wuu innaga xidhmay—*The door has closed* (before we entered) or the impersonal pronoun *la* but only for inanimate objects.

## Using an intransitive verb with two objects

Sometimes an intransitive verb is used with an object.

The verb **'jab'**, in the following example, means to get broken/fractured, and can be used with an object.

### Example 1—without an object:

Gacantaydu way jabtay sanadkii hore—*My hand suffered fracture last year.*

**Example two with an object—put an objective case pronoun before the verb.**

Gacantu way **i** jabtay sanadkii hore—*I had (my) hand fractured last year.*

## More grammar points on conjugation groups

**Conjugation One verbs ending with *a* or *ow*.**

**Examples**

Qabow (intransitive): to go cold: *qaboobay, qabowday, qabownay, qaboobeen, qabowdeen.* Negative Past: qaboobin. Infinitive form: qaboobi. Verbal noun: qabowga.

Magacow (transitive): 1-to name; 2-to be called e.g. . . . lagu magacaabo (sma: . . . la yidhaahdo); 2-to appoint someone e.g. to a post, used with **u** 'to'): magacaabay, magacowday, magacownay, magacaabeen, magacowdeen. Negative past: magacaabin. Infinitive: magacaabi. Verbal noun: magacaabis.

Ba'(intransitive): : to suffer: *ba'ay, ba'day, ba'nay, ba'een, ba'deen*. Negative past: *bi'in*. Infinitive: *bi'i*. Verbal noun: *bi'ista/ba'a*).

## More on Conjugation One verbs used in a negative simple past

In spoken Somali some two syllable, conjugation one verbs are used in its imperative form in a simple past negative sentence. Exceptions are two syllable, conjugation one verbs that contain a doubled consonant (xaraf laba-laabma/xaraf la laba-laabay) or two successive vowels (e.g. ba**ll**an, ta**llaa**b, dh**aa**wac), and Arabic loan verbs e.g. Samir (to be patient), feker (to think/worry).

When this type of conjugation 1 verb is used, the stress is on the second syllable of the verb: e.g.: ma**qal**; ha**dal**; ar**ag**

## Examples

Muuq ma**qal** warka—*He has not heard the news.*
May ca**rar**—*She has not/they have not run away.*
Maan a**rag**—*I have not seen (it).*

## Conjugation 2a

Causative verbs belong to conjugation 2a e.g.
ka hadalsii (to make someone talk through
interrogation); daali (to make someone tired) ka
yaabi (to astonish someone).

There is a variant of simple present negative
form of conjugation 2a verb for first person
singular (aniga), third person singular masculine
(isaga) and third person plural (iyaga).
This variant verb form is only applicable to
conjugation 2a verbs that end with one vowel e.g
**kari** and **bixi**, not **sii** and **cabsii**.

## Examples

kariyo/karsho
kariyaan/karshaan
bixiyo/baxsho
bixiyaan/baxshaan

## Other conjugation 2b verbs

Waa: to fail to find (waayay, waysay, waynay, waayeen, waydeen,). Negative past: waynin. Infinitive: wayn. Verbal noun: wayn.

Hay: to keep something (hayay, haysay, haynay, hayeen, hayseen. Infinitive: hayn. Negative past: haynin. Verbal noun: hayn)

## Other conjugation 3a verbs

Gaajoo(d): to feel hunger (gaajooday, gaajootay, gaajoonnay, gaajoodeen, gaajooteen.) Infinitive: gaajoon. Past negative: gaajoonin. Verbal noun: gaajo/gaajada.

Fiicnow: to become well (fiicnaaday, fiicnaatay, fiicnaannay, fiicnaadeen, fiicnaateen. Infinitive: fiicnaan. Negative past: fiicnaanin. Verbal noun: fiicnaan).

## Other conjugation 3b verbs

Soco: to walk; to go: (socday, socotay, soconnay, socdeen, socoteen. Negative past: soconin. Infinitive: socon. Verbal noun: socosho.)

Booqo: to visit (booqday, booqatay, booqannay, booqdeen, booqateen. Negative: booqanin. Infinitive: booqan. Verbal noun: booqasho).

Autobenefective verbs belong to conjugation 3b e.g. Qaado (take something for your own benefit), samayso (make something for your own benefit).

# Infinitive forms of verbs and verbal nouns

|           | Imperative | Infinitive | Verbal Noun |
|-----------|-----------|-----------|-------------|
| *Conj. 1:*   | keen      | keeni     | keenis**ta** |
| *Conj. 2a:*  | kari      | karin     | karin**ta** |
| *Conj. 2b:*  | samee     | samayn    | samayn**ta** |
| *Conj. 3a:*  | joogso    | joogsan   | joogsasho (joogsasha**da**) |
| *Conj. 3b:*  | furo      | furan     | furasho (furasha**da**) |

Note: A definite article is suffixed to a verbal noun in a sentence.

Infinitive forms of verbs are used with *doon* (simple future tense, *e.*g waan tegi doonaa—*I will go.*); *ogidaa* (how quick!); *jir/jirin* (habitual past positive and negative, *e.g.* Waan tegi jiray badda—*I used to go to the sea.*); *lahaa, lahayd etc/lahayn* (conditional, positive and negative—hypothetical past or future, *e.g.* Waan tegi lahaa suuqa—*I would go to the market*); *kar/ karay/karin* (can/could positive and negative, *e.g* Waan tegi karaa.—*I can go.*); meeshii/halkii aan/ aad/uu etc. ('instead of '); *maayo, maysid, maynu etc*—a variant present continuous negative (*e.g.* Cuni maayo hilib—*I am not eating meat*); *rab/ rabay* (want to /about to *e.g.* Waan tegi rabay—*I was about to go*); *gaadh* ('nearly' for positive and negative constructions, e.g. Waan tegi gaadhay—*I nearly left.*); la' e.g. Waan heli la'ahay furayaashayda—*I cannot find my keys*).

# Irregular Verbs and verbal nouns

| Imperative | Infinitive | Verbal Noun |
|---|---|---|
| Odho | odhan | odhasho—odhasha**da** (or dhihis**ta**—from dheh (*to say*)) |
| Ool | oolli | oollis**ta** |
| Aqow | aqoon | aqoon**ta** |
| Imow | iman | imaansho—imaansha**ha** |

# Imperative forms of verbs (positive and negative)

*Conj. 1:* Keen! (singular); keena! (plural)

Ha keenin! (negative singular); ha keenina! (negative plural).

*Conj. 2a:* Kari! (singular); kariya! (plural).

Ha karinin! (negative singular.); ha karinina! (negative plural).

*Conj. 2b:* Samee! (singular); sameeya! (plural).

Ha sameynin! (negative singular); ha sameynina! (negative plural.)

*Conj. 3a:* Joogso! (singular); joogsada! (plural).

Ha joogsanin! (negative singular); ha joogsanina! (negative plural).

*Conj. 3b:* Furo! (singular); furta! (plural).

Ha furanin! (negative singular); ha furanina! (negative plural).

**Irregular Verbs**

Odho! (Singulr); yidhaahda! (plural)

Ha odhanin! (singular negative); ha odhanina! (negative plural).

Ool! (singular). Oolla! (plural) (used sarcastically for people).

Ha oollin (singular negative); ha oollina! (negative plural).

Aqow! (singular); aqooda! (plural).

Ha aqoonin (singular negative); ha aqoonina! (negative plural).

Ahow! (singular); ahaada! (plural).

Ha ahaanin (sing. neg.); ha ahaanina! (negative plural).

Imow! (singular); Imaada (plural).

Ha imanin (singular negative); ha imanina! (negative plural).

# Reflexive

When the reflexive Somali word 'is' (self) is used with a verb that begins with the letter 's', the letter 'a' should be suffixed to 'is' e.g. Waxaan isa siiyay gaadhiga—*I have given myself the car* (I thought the car was mine).

# Potential (Used in spoken Somali)

There are three types of potential sentences in Somali.

## Type 1

A type one potential sentence begins with the word **'show'** followed by subject and object. The potential is used in Somali to bring to one's attention a possible, unfavourable event.

## Examples

Show i/ku/na/idin baree—*May be it/he will teach me/you/us (The subject is third person masculine singular)*

Show /ku/idin maagnee—*May be we will offend you (The subject is first person plural)*

Show i/na/ku/idin xaddee—*May be it/she will steal from me/us/you. (The subject is third person feminine singular)*

Show i/na/ku/idin bareen—*May be they will teach me/us/you/ (plural). (The subject is third person plural)*

Show la xadee gaadhiga—*May be the car will be stolen. (The subject is impersonal pronoun).*

## Table of verb forms used for Potential l type 1

| Verbs | Pronouns | | | | | | |
|---|---|---|---|---|---|---|---|
| | Aniga | Isaga | Adiga | Iyada | Idinka | Iyaga | Innaga |
| keen | keenee | keenee | keentee | keentee | keenteen | keeneen | keennee |
| kari | kariyee | kariyeen | kariseen | karisee | kariseen | kariyeen | karinnee |
| samee | sameeyee | sameeyee | samaysee | samaysee | samayseen | sameeyeen | samaynee |
| joogso | joogsadee | joogsadee | joogsatee | joogsatee | joogsateen | joogsadeen | joogsannee |
| furo | furtee | furtee | furatee | furatee | furateen | furteen | Furannee |
| odho | idhaahdee | yidhaahdee | tidhaahdee | tidhaahdee | tidhaahdeen | yidhaahdeen | nidhaahdee |
| imow | imidee | yimaadee | timiddee | timaaddee | timaaddeen | yimaadeen | nimaadnee |
| aqow | aqoodee | aqoodee | aqootee | aqootee | aqooteen | aqoodeen | aqoonnee |

## Type 2

A type two a potential sentence begins with ar+maa/muu/maan/may/maannu/maydin/maad+ objective case pronoun verb.

## Examples

Armuu i/ku/na/idin baraa—*May be it /he will teach me/you/us.* (The subject '**armuu'** is masculine first person singular)

Armay i/ku/na/idin bartaa—*May be it/she will teach me/you.* (The subject is feminine third person singular)

Armay i/ku/na/idin baraan—*May be they will teach me/you/us/you* (plural). (The subject is third person plural)

Armaan ku/idin/la hadlaa—*May be I will talk to you.* (The subject is first person singular)

Armaannu ku/idin/la hadalnaa!—*May be we will talk to you.* (The subject is first person plural)

Armaa gaadhiga la xadaa—*May be the car will be stolen.* (The subject is an impersonal pronoun).

## Potential 3

A type three potential sentence begins with **waa intaas** followed **oo la/oo aan/oo uu/oo aad/ oo ay/ oo aannu/ oo aydin** and a verb in simple present negative verb but the sentence is not negative.

### Examples

Waa intaas oo ay gaadhi cusub iibsato—*May be she will buy a new car.*

Waa intaas oo aan shaqo ka daaho—*May be I will get late for work.*

# The use of Somali deictic prepositions *soo* and *sii*

### Soo

Way soo gashay qolka—*She has entered the room* ('soo' is reinforcing direction to a place).

Waan soo socdaa—*I am on the way* ('soo' implies an action that is in progress for completion in the future, so in a present progressive sense, although the verb in Somali is in the simple present tense).

Soo qaad qalinka!—*Go bring the pen!*

Qorraxdu way soo baxday goor hore—*The sun has risen early.* (Without **soo**, the sentence would mean 'the sun has left).

London buu soo gaadhay xalay—*He arrived in London last night.* (soo implies speaker is same place as the person he/she is talking about)

Waan kuu soo diri doonaa warqad—*I will send you a letter* (Here, soo implies the direction in which the letter will be going).

Wuu soo noqday—*He has returned* ('soo' is used to indicate return to a place though not necessarily the same location as the speaker. It also, coincidentally, distinguishes between the dual meaning of noqo (to become/to return)).

Waxaan soo wadaa qado—*I am bringing lunch* ('soo' is being used in a present progressive sense).

Furayaasha soo qaad—*Fetch the keys.*

Waxaan la soo baxayaa lacag—*I am withdrawing money* (either from the bank or other 'source' such as retrieving money from a pocket).

Wuu i la soo hadlay xalay—*He phoned me last night.*

Compare: Wuu ila hadlay—*He spoke to me.*

Soo qaad carruurta!—*Go and pick up the children!* (here 'soo' indicates movement away from the speaker but with the ultimate goal of returning to the speaker).

Compare: Sii qaad carruurta!—*Pick up the children!* (here 'sii' implies removal of the children from a place the speaker and listener know).

Wuu soo socdaa—*He is on the way (to here).*

Compare: Wuu socdaa—*He is going.*

## Sii

Wuu sii socdaa . . .—*He is on the way to . . .*

Waan sii qaadi karaa—*I can carry these things* (to a place known to the speaker and listener).

Wuxuu u sii socdaa shaqada—*He is on the way to work* (here 'sii' is implying that direction is away from the speaker).

Caafimaadkiisu wuu ka sii darayaa haddii aan la dawayn—*His health will deteriorate if he is not treated.* ('sii' is used here to indicate a situation that would be ongoing, in this case *'deterioration'*).

## Using *sow*

When *sow*, which does not have a meaning in Somali otherwise than being negative interrogative marker, is put before a sentence, it changes the sentence into negative interrogative.

## Examples

Sow muu tagin Birmingham shalay?—*Did he not go to London yesterday?*
Sow may booqanayso dalkeeda sanadka dambe?—*Is she not visiting her country next year?*
Sow maad hagaajinayn gaadhiga?—*Were you not fixing the car?*
Sow ma ciyaartid teenis?—*Don't you play tennis?*
Sow may karin karto qado?—*Can she not cook lunch?*
Sow maad iibsan lahayn gaadhi haddii aad lacag haysatid?—*Would you not buy a car if you had some money?*
Sow maad iibsan lahayn gaadhi haddii aad lacag **haysatay**?—*Would you not have bought a car if you had had some money?*
There is only one exception: *sow* is sometimes used in spoken, positive interrogative Somali sentences by changing the definite article into past marker (e.g. kii/tii/kuwii).

## Examples

Sow anigii kuu sheegay Sabriye inuu yimid?—*I have told you that Sabriye has arrived, haven't I?*

Sow iyadii ku siisay lacagta?—*She gave you money, hasn't she?*

Sow anigii kaala hadlay qorshaha cusub?—*I have talked to you about the new plan, haven't I?*

In the above examples, you can replace *sow* with *waa tii aan/uu/aad/ay etc*, and the sentence will be affirmative and mean the same as above sentences:

Waa tii aan kuu sheegay Sabriye inuu yimid—*I have told you that Sabriye has arrived, haven't I?.*

Waa tii ay ku siisay lacagta—*She gave you money, hasn't she?*

Waa tii aan kaala hadlay qorshaha cusub—*I have talked to you about the new plan, haven't I?*

'**Waa tii**' is used with any verbal subject pronoun (waa tii aan/uu/aad/ay/aydin. aannu/aynu.

*Sow* is not used in a reduced form sentence.

# Using *waxa aan/waxa aad* etc. for two structures

In standard Somali **waxa aan/waxa aad** etc. (not to be confused with **waxaan/waxaad** etc.) is used with a simple present negative verb.

**Structure One**

A verb in negative general past is used for the first part of the sentence, and a verb in past tense for the second sentence. The **'ba'** meaning 'as well', suffixed to the first verb, is optional.

Waxaan hurdo(ba) siddeedii baan toosay—*I slept for a long time and at last woke up at eight.*
Waxa ay socdaan(ba) waxay xalay gaadheen wabiga—*The walked for a long time and at last reached the river last night.*

**Structure Two**

A verb in negative simple present past is used for the second part of the compound sentence, and the **'ba'**, suffixed to the first verb, is not optional.

Wax aan sameeyoba waa inaan gaari iibsado—*I have to do anything to buy a car.*

Waxa uu sameeyoba waa inuu shaqo helo—*He has to do anything to get a job.*

## Conditionals

In Somali, conditionals are used for either a past or future hypothetical situation.

**Waan cabi lahaa caano geel** can mean either *I would have drunk camel milk* or *I would drink camel milk.*

Dhakhtarka waxaan weydiin lahaa . . .—*I would like to ask the doctor . . .*
Learners come across frequent use of conditionals in news stories e.g.
Wasiirku wuxuu kala hadlay shaqaalaha sidii loo dhisi lahaa dugsiyo cusub—*The minister talked to staff about building new schools.*
Compare: Wasiirku wuxuu kala hadlay shaqaalaha **dhisidda** dugsiyo cusub—*The minister talked to staff about building new schools.*

# Variant form of negative conditionals

There is a variant form of **negative** conditionals for past and and future hypothetical conditionals. Negative past form of **leh**—*'lahayn'*—is not used nor is a verb in infinitive form used. A verb in conjugation groups or an irregular verb is used but the verb is conjugated in different way (see the table below).

**Examples**

Maan/ma cabeen shaah—*I would not have drunk tea/ I would not drink tea.*

To use this type of conditional for a negative interrogative sentence, replace maan/maad etc. with miyaadan, miyaanan, miyuusan etc. e.g. Miyaadan biyo cabteen?—*Would you not have drunk water/would you not drink water?*

# Forms of verbs used for variant conditional future or conditional past negative

| Verbs | Pronouns | | | | | | |
|---|---|---|---|---|---|---|---|
| | Aniga | Isaga | Adiga | Iyada | Idinka | Iyaga | Innaga |
| keen | keeneen | keeneen | keenteen | keenteen | keenteen | keeneen | keenneen |
| kari | kariyeen | kariyeen | kariseen | kariseen | kariseen | kariyeen | karinneen |
| samee | sameeyeen | sameeyeen | samayseen | samayseen | samayseen | sameeyeen | samayneen |
| joogso | joogsadeen | joogsadeen | joogsateen | joogsateen | joogsateen | joogsadeen | joogsanneen |
| furo | furteen | furteen | furateen | furateen | furateen | furteen | Furanneen |
| odho | idhaahdeen | yidhaahdeen | tidhaahdeen | tidhaahdeen | tidhaahdeen | yidhaahdeen | nidhaahdeen |
| imow | imideen | yimaadeen | timiddeen | timaaddeen | timaaddeen | yimaadeen | nimaadneen |
| aqow | aqoodeen | aqoodeen | aqooteen | aqooteen | aqooteen | aqoodeen | aqoonneen |

# How to say 'I wish I did not'

In Somali to say 'I wish I did not/ or you wish you did not" etc. a negative imperative verb followed by the adjectival word *leh*, formed in different way, is used.

### Examples

Xafladda ha imanin lahaayaa—*I wish I did not come to the party.*

Xafladda ha tagina lahaayeenaa—*They wish they did not go to the party.*

# How to say "I wish I did"

To say 'I wish I did' in Somali, begin the sentence with an object followed by a verb in an infinitive form followed by the adjective **leh** formed in agreement with the subject(see table below):

## Examples

Guriga joogi lahaayaa—*I wish I had stayed at home.* Afkaaga haysan lahaydaa—*You wish you had kept silent.* (*Afka hayso 'keep the mouth'* is an expression meaning 'to keep silent').

# Using' leh' to mean 'regardless of "(only for spoken Somali or poetry)

Shaah cabi lahaydaa ama bariis cuni lahaydaa, waa inaad toosto—*Regardless of drinking tea or eating rice, you have to wake up.*

# Using 'leh' for *"it would be nice"* constructions

To use '**leh**' in sentences equivalent of *"it would be nice"*, change the adjective into a verb in an infinitive form followed by **lahaydaa/lahaayaa** etc. and in-clause

Fiicnaan lahaydaa inaan tooso goor hore—*It would be nice If I woke up early.*

Hobboonaan lahaydaa inuu xilka ka dego gacan-ka-hadal la'aan—*It would be nice if he stepped down without violence.*

**A table of** *'leh'* **used for "it would be nice" and "I wish . . ." structures**

Note: it not used negatively or interrogatively

| Pronoun | Aniga | Isaga | Adiga | Iyada | Indinka | Innaga | Iyaga |
|---|---|---|---|---|---|---|---|
| Adjective | lahaayaa | lahaayaa | lahaydaa | lahaydaa | lahaydeenaa | lahaynaa | lahaayeenaa |

# Using k*ar*/*karay* (can/could/could have)

Somalis use *kar* (can) to express ability now or in the future.

Gaadhi waan samayn karaa = *I can /could fix a car.*

# Using *kar* for a hypothetical past/future

Gaadhiga waan iibsan kari lahaa haddii aan lacag haysto—*I could have bought the car if I had had money/ I could buy the car if I had money.*

# The verb to be

In Somali the verb to be is used with an adjective or a noun.

**Examples**

Jeyte macallin wuu yahay—*Jeyte is a teacher.*
Miyay Sahra kaalkaaliso tahay?—*Is Sahra a nurse?*

When the the subject of the sentence is focused by baa/ayaa, the verb to be is reduced to **'ah'** e.g.

Ninkan baa dhakhtar ah—*This man is a doctor.*
This rule is applicable to adjectival nouns e.g.
Ninkan baa geesi ah—*This man is brave.*

## Tables of verb-to-be forms

Simple present—positive and negative

| Pronoun | Simple present positive | Simple present negative |
|---------|-------------------------|-------------------------|
| Aniga | ahay | ihi |
| Adiga | tahay | tihid |
| Idinka | tihiin | tihidin |
| Innaga | nahay | nihin |
| Iyada | tahay | aha |
| Isaga | yahay | aha |
| Iyaga | yihiin | aha |

## Simple past (positive and negative, and negative interrogative)

| Pronoun | Simple past positive | Simple past negative |
|---------|----------------------|----------------------|

| Aniga | ahaa | ahayn |
|-------|------|-------|
| Isaga | ahaaa | ahayn |
| Adiga | ahayd | ahayn |
| Iyada | ahayd | ahayn |
| Idinka | ahaydeen | ahayn |
| Innaga | ahayn | ahayn |
| Iyaga | ahaayeen | ahayn |

# Asking what

**Waa maxay** (what is/are) is used for any noun, regardless of gender declension :

Waa maxay guri/guryo? — *What is a house/are houses?*

Muxuu yahay . . . ? (what is . . . ?) is used for a masculine, singular noun — e.g. Muxuu yahay gaadhi? — *What is a car?*

Maxay tahay (what is . . . ?) is used for a feminine, singular noun e.g. Maxay tahay saacad(i)? — *What is a watch?*

Maxay yihiin (what are . . .) used for a plural noun regardless of gender e.g. Maxay yihiin guryo?—*What are houses?*

## Asking 'what' when subject is not known

When asking a what-question without knowing the subject, begin the question with **Maxaa**, followed by a verb in a reduced form for third person singular masculine (isaga).

Maxaa geed ah?—*What is tree?* (Asked to know what was said to be a tree).

Maxaa dhacay?—*What happened?*

The verb with the question word **maxaa** in the above example is the past tense positive verb for third person singular masculine. It is used because **maxaa** is from **waxa**, which is from w**ax** literally meaning '**a thing**' in Somali; the suffixed **a** with '**wax**' is a definite article but when used with the verb **jir**, it means there is/there are e.g. Waxa jira qorshe/qorsheyaal—*There is a plan/ there are plans* (used, in reference to singular,

masculine noun or plural noun respectively);
Waxa jirta dood—*There is a debate* (in reference
to a feminine singular noun 'dood**da**'). To ask a
question by using the verb **jir** when the subject
is known, put '**ma**', before the sentence Eg.
**Ma** waxa jira qorshe?—*Is there a plan?* Maxaa
jira?—*What is up?*

# The rootless verb 'leh'

Somalis use the adjective *leh* as a verb in place
of the verbs **odho** and **dheh** (to say) in simple
present or simple past tense. It is used in direct
speech but, unlike **sheeg** used for indirect
speech, it is not used with in-clauses. **'Leh'** is not
used imperatively either.

## Examples

Wuxuu leeyahay 'berri baan dhoofayaa"—*He is
saying "I am travelling tomorrow".*

## 'Leh' in a reduced form

When the subject of the rootless verb **'leh'** is focused, it becomes **'leh'**. This rule is applicable to all subject pronouns: first person singular (aniga) and plural ( innaga); second person singular (adiga) and plural(idinka); third person singular masculine (isaga), feminine (iyada) and plural (iyaga).

### Examples

Jaamac baa leh "berri baan dhoofayaa" — *Jaamac is saying "I am travelling tomorrow"*.

## Tables of 'leh'

### Simple present positive (waa/waan/waad/wuu/ way etc. /ma/ miyaan/miyaad/miyay etc.)

| pronoun | Aniga | Isaga | Adiga | Iyada | Idinka | Innaga | Iyaga |
|---|---|---|---|---|---|---|---|
| Adjective | leeyahay | leeyahay | leedahay | leedahay | leedihiin | leenahay | leeyihiin |

## Simple present negative (ma/ maan/maad/may/ maydin/maannu/maynu/muu)

| pronoun | Aniga | Isaga | Iyada | Iyaga | Adiga | Idinka | Innaga |
|---------|-------|-------|-------|-------|-------|--------|--------|
| Adjective | lihi | laha | laha | laha | lihid | lihidin | lihin |

## Simple past positive (waa/ waan/waad/wuu/ way etc. /ma/ miyaan/miyaad/miyay etc)

| pronoun | Aniga | Isaga | Iyada | Adiga | Idinka | Iyaga | Innaga |
|---------|-------|-------|-------|-------|--------|-------|--------|
| Adjective | lahaa | lahaa | lahayd | lahayd | lahaydeen | lahaayeen | lahayn |

## Simple past negative (maan/maad/may etc/ miyaanan/miyaadan/miyuusan etc.)

| pronoun | Aniga | Isaga | Iyada | Adiga | Idinka | Iyaga | Innaga |
|---------|-------|-------|-------|-------|--------|-------|--------|
| Adjective | lahayn | lahayn | lahayn | lahayn | lahayn | lahayn | lahayn |

# The imperative verb *kaalay*

The verb *kaalay* is only used imperatively e.g Halkan kaalay—*Come here*! To use the Somali equivalent of "to arrive/come", use *imow* or *gaadh*.

*Imow* is an intransitive verb. Use the preposition *u* (to) as in to come to a person (qof u imow), but not for a place as in *come to town* (magaalo imow).

Use *soo* with *gaadh* if you are same place as where the person you are talking about is.

Muqdisho ayuu saaka soo gaadhay—*He has arrived in Mogadishu in the morning.*

*Soo* is not used with *imow*.

## Use of preverbal object pronouns kay, kaa, kiin, keen/ka(a)yo

The preverbal object pronouns **kay** (me), **kaa** (you, singular), **kiin** (you, plural) and **keen/ka(a)yo** (us, exclusive and inclusive respectively) occur with some verbs.

- With **is** (self): if a verb is used without a preposition, put a preverbal object after the reflexive word e.g. Wuu is kay baray—*he introduced himself to me.* Use '**u**' when asking for and telling a reason: Wuxuu isu kay baray shaqada awgeed—*He introduced himself to me because of the work.*

- Is (self) with a verb and the preposition 'u' (to)—always add **ku** if there is a second object i.e. isugu e.g. Waxay isugu kay sheegtay macallimad—*She identified herself to me as a teacher.* Isu kay sheeg!—*identify yourself to me!* Muxuu isugu kaa sheegay dhakhtar?—*Why has he identified himself to you as a doctor?* Waxay iskugu tageen baarka—*They gathered at the bar* (the **ku** as in **isku**, is a preposition meaning 'in'.

- Some verbs come after **isku/iska** E.g. isku kah/qalad: to mistake one for another; iska dhig: to pretend/ impersonate. Always add **ka** to **iska (iskaga,** some people use **isaga** as a variant), add **ku** to isku (**iskugu**—some people use **isugu** as variant.) If a sentence contains two objects, the verb is between the preverbal object and the second object e.g. Waxay isugu **kay** sheegtay **macallimad**—*She identified herself (to me) as a teacher.* If an independent pronoun is used as object, the second object follows it e.g. Waxay isugu sheegtay isaga **macallimad**—*She identified herself to him as a teacher*. When asking for/giving a reason or using an adverb of manner, the intensifier *u* is not used in a sentence containing a preverbal object e.g. Maxay isugu kaa sheegtay macallimad?—*Why did she identify herself to you as teacher?*

## Examples

Wuxuu iskaga kay dhigay arday—*(To me) he impersonated a studen*t.

Waxay Jaamac iskaga dhigtay dhakhtarad—(To Jama) *she impersonated/pretended to be a doctor*.

Muxuu iskaga kaa dhigay oday?—*Why did he pretend to be an old man (to you)?*
Qof baa iska kay dhigay—*Someone has impersonated me.*
Qof baa iska dhiga iyada—*Someone impersonates her.*

# Using a verb without a mood classifier

Sometimes in spoken Somali, speakers use an independent pronoun or a pronoun with a subject, past marker (e.g. wiilkii/gabadhii) with a verb in the positive past tense. The verb is conjugated in a different way. This form of verb is used only for simple past sentences and in spoken Somali, and is used in affirmative sentences.

**Examples**

Wiilashii tage—*The boys have left.*
Samatar tag—*Samatar has left.*
Bariiskii kariye—*They cooked the rice.*
Iyadu karisay qadadii—*She cooked the lunch.*
Shaahii la cab—*The tea has been drunk (one has drunk the tea).*

# Note on the verb for third person singular masculine (isaga)

The verb for third person singular masculine (conjugation 1-3b), the stress on the last letter or second syllable e.g. ke*en*, ka*ri*, sa*mee*, joog**say**, fu*ray*. For the irregular verbs, the stress is on the first syllable e.g. *yi*dhi; *yi*mi, and this rule is applicable to irregular verbs for the first person singular. The stress is on the first letter of all verb forms for first person plural **(innaga)**.

# Table of verbs used for affirmative, variant past tense

| Verbs | Pronouns | | | | | | |
|---|---|---|---|---|---|---|---|
| | Aniga | Isaga | Adiga | Iyada | Idinka | Iyaga | Innaga |
| Keen | keenay | ke**en** | keente | keentay | keente | keene | **k**eennay |
| Kari | kariyay | ka**ri** | karise | karisay | karise | Kariye | **k**arinnay |
| Samee | sameeyay | sa**mee** | samayse | samaysay | samayse | sameeye | **s**amaynay |
| Joogso | joogsaday | joog**say** | joogsate | joogsatay | joogsate | joogsade | **j**oogsannay |
| Furo | furtay | fu**ray** | furte | furatay | furate | furte | **f**urannay |
| Odho | idhi | **yi**dhi | tidhaahde | tidhaahde | tidhaahde | yidhaahde | **n**idhi |
| Imow | imid | **yi**mi | timaadde | timaadde | timaadde | yimaadde | **ni**mi |
| Aqow | **aq**ooday | **aq**oo | aqoote | aqoote | **a**qoote | aqoode | **a**qoonnay |

# Using equivalent of "whether" in spoken Somali

In spoken Somali there is a variant structure of "whether". Verbs used for this variant structure is conjugated in a different way (see the table below)

**Examples**

Soomaaliya tagtayaa ama London sii joogtayaa, adiga ayay kuu taallaa—*It is up you you whether you go to Somalia or stay in London.*

Compare: Haddii aad Soomaaliya tagaysid ama aad London sii joogaysid, adiga ayay kuu taallaa—*It is up you whether you go to Somalia or stay in London.*

Maan ogi gaadhi cusub iibsayaa ama kiisii hore hagaajiyaa—*I don't know whether he bought a new car or fixed his old car.*

Compare: Maan ogi inuu gaadhi cusub iibsaday ama inuu kiisii hore hagaajiyay—*I don't know whether he bought a new car or fixed his old car.*

Kubbadda cagta ciyaareenaa ama xaflad tageenaa berri waa inay wiilashu waalidkood u sheegaan waxa ay samayn doonaan—*Regardless of playing football or going to a party tomorrow, the boys should tell their parents what they will be doing tomorrow.*

Compare: Haddii ay kubbadda cagta ciyaarayaan ama haddii ay xaflad tagayaan berri, wiilashu waa inay waalidkood u sheegaan waxa ay samaynayaan—*Regardless of playing football or going to a party tomorrow, the boys should tell their parents what they will be doing tomorrow.*

## Table of verbs conjugated for "whether" structure

| Verbs | Pronouns | | | | | | |
|---|---|---|---|---|---|---|---|
| | Aniga | Isaga | Adiga | Iyada | Idinka | Iyaga | Innaga |
| keen | keenayaa | keenyayaa | keentayaa | keentayaa | keenteenaa | keeneenaa | keennaa |
| kari | kariyayaa | kariyayaa | karisayaa | karisayaa | kariseenaa | kariyeenaa | karinnayaa |
| samee | sameeyayaa | sameeyayaa | samaysayaa | samaysayaa | samayseenaa | sameeyeenaa | samaynayaa |
| joogso | joogsadayaa | joogsayaa | joogsatayaa | joogsatayaa | joogsateenaa | joogsadeenaa | joogsannayaa |
| furo | furtayaa | furtayaa | furatayaa | furatayaa | furateenaa | furteenaa | Furannayaa |
| odho | idhiyaa | yidhiyaa | tidhiyaa | tidhiyaa | tidhaahdeenaa | yidhaahdeenaa | nidhiyaa |
| imow | imidaa | yimidaa | timidaa | timidaa | timaaddeenaa | yimaadeenaa | nimiyaa |
| aqow | aqaannaa | yaqaannaa | taqaannaa | taqaannaa | taqaanneenaa | yaqaaneennaa | naqaannaa |

# Adverbs

## Adverb of manner

An adverb of manner is formed when the word
**si** is put before an adjective or an adjectival noun.
To use an adverb of manner in a sentence, put **u**,
an intensifier, before the verb e.g. Si wanaagsan
buu guriga u dhisay—*He has built the house nicely.*

To change an adjectival noun into an adverb,
change the noun into abstract noun (e.g. **geesi**
becomes geesin**imo**, and put **leh** after it. Lacagta
si deeqsinimo leh bay u bixisay—*She paid the
money generously.*

- To change a noun into an adverb put
  **'ahaan'** after the noun as the following
  examples will show:

Dhaqaale **ahaan** = *economically*
Siyaasad **ahaan** = *politically*
Cilmi **ahaan** = *scientifically*
Dhaqan **ahaan** = *culturally*

Dhaqaale ahaan Soomaaliya waxay ku tiirsan tahay dhoofinta xoolaha—*economically Somalia is dependent on livestock.*

## Preverbal adverb *dib u*

The preverbal adverb **dib u** which corresponds to the English prefix *re*, should be put before a verb (e.g. **dib u** qor—to rewrite; dib u bax—(to reverse a car; to go backwards). If you begin a sentence with a preverbal adverb place the focus word between **dib** and the **u**; if a declarative mood classifier with verbal subject pronoun or a focus word is involved, put it after the object e.g. dib **wuu/ buu** u qoray sheekada—*He has rewritten the story.*

To use a negative imperative with **dib u**, place ha after **u** e.g. Dib ha u qorin!—*Don't rewrite it!*

## The adverb 'aad' (very)

Use **'aad'** with an intensifier, **u**, put before the adjective.

Guriga aad buu u yar yahay—*The house is very small.*

## How to say *'it is not that cheap/far etc.'*

Begin the sentence with **sidaas**, followed by **u**, and an adjective in simple present negative from.

### Example

Gaadhigu sidaas u ma/muu jabna—*The car is not that cheap.*

## Adverb of time

Words such as **shalayto, maanta, xalayto, hadhow, hadda, goor hore, goor dhow**, and **goor dambe** are adverbs of time. Each can begin a sentence, come after the subject or can end a sentence. If an adverb of time begins a sentence it is focused by a focus word (buu/ayuu etc. not wuxuu/waxaa etc. unless a preposition is used) e.g. Xalay buu yimid London—*He arrived*

*in London last night.* Xalay wuxuu ka yimid
Berbera—*Last night he came from Berbera.*

Hadda = *now*
Maanta = *today*
Berri = *tomorrow*
Caawa = *tonight*
Shalay(to) = *yesterday*
Xalay(to) = *last night*
Dorraad = *the day before yesterday*
Saakuun = *the day after tomorrow*
Hadhow = *later*
Haddaayay = *earlier*
Maalin dhaaf = *every other day*

# Adverbs of frequency

Adverbs of frequency can be focused e.g. Maalin
walba bay dabaalataa—*She swims every day.*

### A list of Somali frequency adverbs

Sanad kasta/walba = *annually*
Maalin kasta/walba = *daily*
Labadii toddobaadba mar = *fortnightly*

Saacad kasta/walba = *hourly/every hour*
Bil kasta/walba = *monthly*
Habeen kasta/walba = *nightly*
Seddexdii biloodba mar = *quarterly*
Toddobaad kasta/walba = *weekly*

## Other types of frequency adverbs:

Badanaa = *always* (not to be focused) e.g.
Badaanaa waxaan casheeyaa lixda—*I always have dinner at 18:00.*

Guud ahaan = *generally* (not to be focused)
e.g. Guud ahaan, reer guuraagu way leeyihiin geel—*Generally, nomads have camels.*

Marnaba = *never (not to be focused)* e.g. Marnaba muu tago badda—*He never goes to the sea.*

Dhifdhif = *rarely* (to be focused by buu/wuu/ wuxuu etc.) Dhifdhif buu dabaashaa—*He rarely swims.*

Mararka qaarkood = *sometimes*
Sida Caadiga ah = *usually*

# How to say 'ever/never' in Somali

The Somali equivalent of 'ever' or 'never' is used only for the past positive (positive interrogative) past negative (negative or negative interrogative) sentences.

Weligay = have I ever / I have never e.g. Weligay maan tagin Ruushka—*I have never been to Russia.*

Weligaa miyaad booqatay Taj Mahal?—*Have you ever visited Taj mahal?*

Weligaa = you (singular) e.g. Miyaadan weligaa wadin gaadhi cusub?—*Haven't you ever driven a car?* Haa, weligay waan waday gaadhi cusub—*Yes, I have ever driven a new car.*

Weligiis = has he ever/he has never.
Weligeen = have we ever/we have never.
Weligeed = Has she ever/she has never.
Weligood = have they ever /they have never.
Weligiin = You-plural—have you ever/you have never.

# Conjunctions

The conjunction **iyo** (and) is used for listing nouns—e.g. Waxaan leeyahay gaadhi iyo mooto—*I have a car and motorcycle*; and **oo** (and), used is for linking verbs e.g. Cali baa baasto cunay oo shaah cabay—*Ali has eaten pasta and drunk tea*; or adjectives e.g. Eygu wuu daallan yahay oo oomman yahay—*The dog is tired and thirsty*.

## Coordinating conjunctions

- Laakiin/hase ahaatee/hase yeeshee = *but*

- **Ee** is sometimes used in place of '**laakiin'** but does not begin a sentence e.g. Maan tago badda ee waxaan tagaa wabiga—*I do not go to the sea but I go to the river.*

- **Ama** (or) is used for positive or negative sentences; **mise** (or) is used for positive interrogative or negative interrogative sentences—e.g. Ma hilib baad cuntay mise kalluun?—*Have you eaten meat or fish?*

- **Tan iyo/ilaa** (since) e.g. Wuxuu joogay Soomaaliya tan iyo/ilaa 1997kii—*He was in Somalia since 1997*. Waxaan ku noolaa London tan iyo Maay sanadkii hore—*I lived in London since May last year.*

- **Weli** (yet/still) e.g. Weli xafiiska ayuu joogaa—*He is still in the office*. Miyuusan weli Soomaaliya booqannin?—*Has he not visited Somalia yet*? Weli maan karinin qado—*I have not cooked lunch yet.*

- **Waayo** (because) e.g. Waan imid goor hore waayo waxaan soo raacay tareen toos ah—*I have arrived early because I caught a direct train.*

- **Ka hor** (before) e.g. Ka hor Sahra aniga ayaa tagay Muqdisho—*Before Sahra I went to Mogadisho*. Hoortiis (before him)/horteed(before her) /hortaa(before you(singular); hortay (before me); horteen(before us); hortiin (before you (plural))—e.g. Hortay bay yimaadeen xafladda—*They came to the party before me.*

- **Hal mar/jeer** (once) e.g. Hal mar/jeer baan booqday Itaaliya—*I visited Italy just once.*

## Correlative conjunctions

Labadaba (Both of them)—in spoken Somali, the context helps hearer to understand who is being referred to. If you use a noun with **'labada'** (the two), you can suffix **ba** to the noun e.g. Labada wiil**ba** way ciyaraaan teenis—*Both boys play tennis.*

- Midna—(neither . . . nor). Shaah ama Caano midna may cabto—*she drinks neither tea nor milk.*

# Interjections

In Somali interjection is used in conversations, written dialogues or opinion headlines. Verbs, adjectives and nouns are used for Somali interjections.

**Examples**

- Muxuu hilib geel cunay! — *He ate a lot camel meat!* (cf: Muxuu hilib geel u cunay? — *Why has eaten camel meat?* If the *u* before the verb is removed, the sentence becomes an interjection and ends with an exclamation mark.

- Another verb-related interjection: intaan/ intaad/intay/intuu/intaannu/intaydin, and a verb in the past positive form e.g. Intaad ii timid baad ila hadli waysay! — *You came to me but did not talk to me!*

- With one-syllable adjective and with two syllable adjective containing two

successive vowels and a doubled
consonant, add **aa** to the adjective
and put it after the subject e.g. Gurigu
dhowaa—*How near the house is*! Dibigu
buuranaa!—*How fat the ox is!*; with a
two syllable adjective ending with ow
e.g. qabow, replace the **w** with **obaa** e.g
Maalintu qaboobaa!—*What a cold day!*

- To use adjectival interjection for people:
  for first person singular (aniga) add **yaa**
  to simple present negative form of the
  adjective e.g. Fiicni**yaa** anigu!—*How
  good I am!* For the first person plural
  (innaga) add **aa** to simple present negative
  form of the adjective e.g. Fiicnin**aa**
  innagu!—*How good we are!* For second
  personal singular (adiga), add **aa** to simple
  present negative form of the adjective
  e.g. Fiicnid**aa** adigu—*How good you
  are*. For second person plural (idinka),
  add **aa** to the simple present negative
  form of the adjective e.g. fiicnidin**aa**
  idinku—*How good you are!* For third
  person plural (iyaga) and third person
  singular masculine and third person

feminine (isaga and iyada respectively), add **aa** to the basic form of the adjective e.g. Wiilku orod-badan**aa**!—*How fast the boy is*. Gabadhu fiican**aa**!—*How nice the girl is!* Wiilashu muran-badan**aa**!—*How argumentative the boys are!*

- If an interjection sentence contains an adjectival noun, add sanaa to the adjectival noun e.g. Gabadhu geesi**sanaa**!—*How brave the girl is!*

- To use an adjectival noun for aniga (I) add **saniyaa** to the basic form of the adjectival noun ending with a vowel **i** e.g. geesi**saniyaa**; for adiga (you singular) add sanidaa; for isaga (he), iyada (she) and iyaga (they) add sanaa to the adjectival noun (geesisanaa); for innaga (we) add saninaa/isaninaa'; for idinka (you plural) add sanidiinaa e.g. Geesi**sanidaa** adigu!—*How brave you are!*

- To use the same adjective for past tense, add **yaa** to the past, positive adjective for aniga and adiga (fiicnaa**yaa**), and **aa** to

adiga and iyada (fiicnayd**aa**), **aa** to innaga
(fiicnayn**aa**), **aa** to idinka (fiicnaydeen**aa**),
and aa to iyaga (fiicnaayeen**aa**) e.g. Iyagu
fiicnaayeenaa! — *How good they were!*

- Waxaas baa saacad ah? — *What a watch!*

- Illeen (goodness me) . . . Illeen way baxeen
goor hore — *Goodness me, they have left early!*

- Alla — Alla, waa dhurwaa! — *God, it is a
hyena!*

- Iska eeg! — *Watch out!*

- Samayn ogidaa gaadhiga! — *How quickly you
have fixed the car!* The adjective **og** preceded
by a verb in an infinitive form, and an
object when a transitive verb is used e.g.
Cuni ogiyaa qadada! — *How quickly I have
eaten the lunch!* (said sarcastically).

- Interjection — based relative clause:
Sida aan/aad/uu/ay etc. (a verb in past
progressive positive is used e.g. Sida aan

u **hadlayay** baan oomay!—*I am thirsty because of talking too much!*

* The word **'show'** used for potential sentences, is used for an interjection sentence as well, and is interchangeable with **'illeen'** e.g. Show way baxeen!—*Goodness me they have left!*

# A table for 'og' used for interjections

| pronoun | Aniga | Isaga/la | Iyada | Iyaga | Adiga | Idinka | Innaga |
|---|---|---|---|---|---|---|---|
| Adjective | ogiyaa | ogaa | ogaa | ogaa | ogidaa | ogidinaa | oginaa |

# Some interjection words

**Baga!** A word used to express satisfaction at defeat of an adversary.

**Alla!** Word used to bring something to the attention of someone.

# How to say 'up to me' etc. in Somali

Yeelkay/iskay = *Up to me*

Yeelkaa/iskaa = *Up to you*

Yeelkeed/iskeed = *Up to her*

Yeelkeen/iskeen: *Up to us*

Yeelkood/iskood = *Up to them*

Yeelkayo/iskayo = *Up to us*

Yeelkiin/iskiin = *Up to you (idinka)*

# Adjectives

There are two types of adjectives in Somali: adjectives and adjectival nouns. The first is an adjective used with a verb to be e.g. Wuu **fiican** yahay—*He is nice/well*. The adjectival noun comes after a positive mood classifier e.g. Ninku waa deeqsi—*The man is generous*; or comes after a noun e.g. Ninku deeqsi wuu yahay—*The man is generous*. To use adjectival noun for a singular feminine noun, suffix '**iyad**' to an adjectival noun that ends with '*i*' e.g. Gabadh geesiy**ad** ah—*A brave girl*. Suffix '**ad**' to an adjectival noun that ends with consonant e.g. Gabadh hawl-kar**ad** ah—*A hard-working girl*.

This section contains adjective tables (simple present positive and negative, and simple past positive and negative) ranging from one-syllable to three syllable adjectives. Pay attention to letter with which an adjective ends. The adjective *xun* (bad) ends with *n*. The two-syllable adjective *fool-xun,* ugly is made up of two words—*fool* (face) and *xun* (bad) meaning ugly in Somali. It is the adjective *xun* that makes it belong to the same group of adjectives as *san, xun* and *dhan*. Not all one-syllable adjective that end with *'n'* undergo a sound change. The adjective *wayn* (big/great) ends with *'n'* but because the **'y'**, which comes after the vowel **'a'**, is treated like adjective with a long vowel (e.g. dheer). (Waan ka waynahay Jaamac—*I am older than Jaamac*.)

# The subject case

The letter *'i'* is suffixed to adjectives ending with a consonant except adjectives ending with the letter *'w'* e.g. **qabow,** which becomes **qaboobi**, and adjectives ending with *a* e.g. **lacag-la'** (to be penniless) which becomes **lacagta-li'i**.

## Examples

Guri wayni wuu lacag-badan yahay—*A big house is expensive.*

Gaadhiga yari wuu jaban yahay—*The small car is cheap.*

Shaaha qaboobi wuu fiican yahay—*The cold tea is nice.*

Ninka lacagta-li'i waa Duurre—*The penniless man is Duurre.*

## Compound adjectives

There are Somali adjectives made up of a noun and adjective, separated by a hyphen. This type of adjective consists of two, three or four syllables. It is the second word, the adjective, to which attention must be paid when using it with a verb to be in any tense. Following is an example of three and four-syllable, Somali adjectives:

Lacag-badan: rich/expensive (Gaadhigu wuu lacag-badan yahay—*The car is expensive.*)

Hadal-badan: talkative. (Wuu hadal-badan yahay—*He is talkative.*)

Gacan-fudud: prone to violence (Miyuu gacan-fudud yahay?—*Is he prone to violence?*)

Cadho-dhow: temperamental (Way cadho-dhowdahay — *She is irritable.*)

Af-dheer: Influential (Wargeysku wuu af-dheer yahay — *The newspaper is influential*)

A definite article is suffixed to both nouns — the noun with the adjective and the noun the adjective modifies e.g. Nin**ka** lacag**ta**-badan — *The rich man.* Ninka aan lacagta — badnayn — *The penniless man.*

## Using an adjective in future tense

In Somali an adjective is not used in a future tense. To be able to say in Somali "I will be well", change the adjective into verb: **fiican** becomes **fiicnow** (conjugation 3a), and then change the verb into an infinitive form — **fiicnaan** (e.g. Waan fiicnaan doonaa — *I will be fine*).

A verb from an adjective can be used imperatively e.g. Fiicnow! — *Get well/be well mannered.*

Daallanow!—*Keep being tired.* (Markaan shaqada dhammeeyo waan daallaanaan doonaa—*By the time I finish the work I will be tired*).

Noolow: *Long live/keep living* (Waxaan jeclahay inaan ku noolaado miyiga—*I like to live in the countryside*).

## Using an adjectival noun in a future tense

To be able to use an adjectival noun in a future tense, use the verb noqo/ahow (to become) with the noun e.g. Deeqsi way noqon doontaa—*She will be generous.* Geesi wuu ahaan doonaa—*He will be brave.*

Some adjectives double as an adjective and noun e.g. qabow—*cold/ coldness.* When used as a noun, consider the gender of the noun e.g. Qabowgu wuu ba'an yahay—*The cold weather is severe.*

# The reduced form and the adjective

If a subject of an adjective is focused by ayaa/baa in a simple present tense, drop the verb to be e.g. Gurigan ayaa jaban—*This house is cheap*. The rule of dropping the verb to be applies when using an adjective comparatively or superlatively e.g. Sureer baa ugu yar—*Sureer is the youngest*.

## The adjective, the simple past and the reduced form

With the exception of second person singular (adiga) and second person plural (idinka) and the third person person plural (iyaga) for which the past tense positive form of adjective for **Aniga** (I) and **Isaga** (he) are used, The rest of pronouns (innaga, adiga, iyada and la) use their past positive forms of adjective.

## Examples

Isaga ayaa cadhaysnaa—*He was tired*.

Ma isaga baa cadhaysnaa shalay?—*Was he angry yesterday?*

Idinkaa (idinka+ayaa) faraxsanaa—*You(plural) were happy.*

Iyaga ayaa daallanaa—*They were tired.*

**Comparatve adjective (put 'ka' before the adjective.)**

Asli way ka wayn tahay Sahra—*Asli is older than Sahra.*

For a reduced form sentence, drop the verb to be e.g. Ali baa ka wayn Sahra—*Asli is older than Sahra.*

# Superlative adjective (put 'ugu) before the adjective.)

Asli way ugu wayn tahay gabdhaha—*Asli is the oldest of the girls.*

For a reduced form sentence, drop the verb to be e.g. Asli baa ugu wayn gabdhaha—*Asli is the oldest of the girls.*

# Two other uses of superlatives

## Examples

Caanga geela ayaan ugu jeclahay—*I like camel milk most.*

Guriga boqoradda waa meesha loogu booqasho-badan yahay London—*The Palace is the most visited place in London.*

Riwaayaddan waa tan loogu hadal-hayn badan yahay—*This play is the most talked about.*

# Use of *'leh'*

The adjective **'leh'**, used to express possession, is also the reduced form of the adjective when the subject is focused. **'Leh'** does not modify a noun because **'leh'** works like a transitive verb and comes with an object in the sentence.

## Examples (non-reduced form):

Roda gaadhi bay leedahay—*Roda has a car.*

Guri cusub buu leeyahay—*He has a new house.*

**Examples (reduced form)**

Jimcaale baa gaadhi yar **leh**—*Jimale owns a small car.*

Ma Sahra baa saacaddan **leh**?—*Does Sahra own this watch?*

Yaa leh qalinkan?—*Whose pen is this?* ('**yaa**' used for the 'subject' reduces **leeyahay** to 'leh')

# Use of *oo* and w*axa*

- When '**oo**', meaning 'who' or 'which' is used, the verb to be with the adjective is dropped e.g. Guhaad oo askari ah baan garanayaa—*I know Guhaad who is a teacher.*

- When '**waxa**' is used with an adjective, the verb to be is dropped e.g. Waxa jaban gaadhigan—*This car is cheap.* Waxa deeqsi ah Barre—*Barre is generous.*

- **Simple past (negative—reduced form)**

The negative form of focus words *baa* and *ayaa* are *baan* and *ayaan* respectively, and focus the subject. When a negative focus word is used in a simple past negative sentence, negative past tense form of the adjective is used for any subject. There is ambiguity in the sentence because the same form of negative past adjective is used for simple present negative reduced form. To eliminate the ambiguity, it is advisable to use an adverb of time.

**Examples**

Isaga ayaan cadhaysnayn—*He is not angry/he has not been angry.*

Aniga ayaan daallanayn shalay—*I was not tired yesterday.*

# Using *'leh'* in future tense

To be able to use *'leh'* in a future tense, change *leh* into verb, lahow, conjugation 3a, and the

verb into infinitive form, *lahaan* e.g. Waan
lahaan doonaa mooto cusub—*I will own a new
motorcycle.*

## 'Leh' table for simple present positive

| pronoun | Aniga | Isaga | Adiga | Iyada | Indinka | Innaga | Iyaga |
|---------|-------|-------|-------|-------|---------|--------|-------|
| Adjective | leeyahay | leeyahay | leedahay | leedahay | leedihiin | leenahay | leeyihiin |

## 'Leh' table simple present negative

| pronoun | Aniga | Isaga | Iyada | Iyaga | Adiga | Idinka | Innaga |
|---------|-------|-------|-------|-------|-------|--------|--------|
| Adjective | lihi | laha | laha | laha | lihid | lihidin | lihin |

## 'Leh' table simple past positive

| pronoun | Aniga | Isaga | Iyada | Adiga | Idinka | Iyaga | Innaga |
|---------|-------|-------|-------|-------|--------|-------|--------|
| Adjective | lahaa | Lahaa | lahayd | lahayd | lahaydeen | lahaayeen | lahayn |

## 'Leh' table simple past negative

| pronoun | Aniga | Isaga | Iyada | Adiga | Idinka | Iyaga | Innaga |
|---------|-------|-------|-------|-------|--------|-------|--------|
| Adjective | lahayn | lahayn | lahayn | lahayn | lahayn | lahayn | lahayn |

# Using "only, another, the other, such as"

Kale = another (e.g. Qalin kale—*Another pen*).

In Somali, a definite article is suffixed to the noun followed by **kale** to use the Somali equivalent of **'the other'** (e.g. Qalinka kale—*The other pen*)

Sida = like (Sida Jaamac kubbadda cagta waan ciyaaraa—*Like Jaamac I play football*).

**'Oo kale'** is used to show similarity. Gaadhigan waa gaadhiga Sugulle oo kale—*This car is like Sugulle's car.*

**Exceptions**

**Some adjectives come before nouns.**

Isla = same (eg. Isla maalin—*same day.*)

Dhowr = several (e.g. dhowr maalmood—*several days.*)

# Using 'in yar oo' (little bit of . . .)

In yar oo bariis ah baan cunay—*I have eaten little bit of rice.*

In yar oo sonkor ah—*Little bit of sugar.*

## Another way to say "first/last" in Somali

There is a different verb (**horree**) used in place of the Somali ordinal number **koowaad**, and a verb (**dambee**) meaning 'last' in Somali. Either verb is preceded by '**ugu**', is used in a reduced form in simple present or simple past tense, and come after the noun whose gender must be taken into account when conjugating the verb.

## Examples in simple present

Shirka **ugu horreeya** wuxuu dhacayaa berri—*The first meeting will take place tomorrow.*

Booqashada ugu **dambeysa** waxay dhacaysaa Jimcaha—*The last visit takes place on Friday.*

## Examples in simple past

Shirkii ugu **horreeya**y wuxuu dhacay shalay—*The first meeting took place yesterday.*

Booqashadii ugu dambeysay waxay dhacday dorraad—*The last visit took place the day before yesterday.*

# Attributive adjectives

Hore = first, previous; former e.g. Madaxweynihii hore—*The former president.*

Dambe = next; last; behind e.g. Sanadka dambe buu iman doonaa—*He will arrive next year.*

Dhexe = middle; between e.g. Gaadhiga dhexe waa qaali—*The middle car is expensive.*

Kale = the other e.g. Guri**ga** kale ayuu deggan yahay—*He lives in the other house.*

Kale = another e.g. Guri kale ayuu deggan yahay—*He lives in another house.*

Kasta/walba: each; every e.g. Maalin kasta—*Every day.*

Sare/kore = upper; top e.g. Qaybta sare—*The top part.*

Hoose = lower e.g. The lower branch—*Laanta hoose.*

Shishe = far e.g. Guriga shishe—*The far house.*

Soke = nearer e.g. Guriga soke—*The nearer house.*

A singular, feminine or plural noun or mass noun can be changed into an attributive adjective.

**Examples**

Xeeb (coast)—xeeb**eed** (coastal). Dhul xeebeed—*a coastal land.*

Gabadh (a girl)—gabdh**eed**—dhar gabdheed—*girls' clothes.*

Lo' (cattle)—lo'eed. Cunto lo'eed—*cattle feed.*

# Reduplication of adjectives

Reduplication is used for a plural noun to bring attention to number or size. The first syllable of the adjective is prefixed to the adjective.

**Examples**

Gaaban becomes gaagaaban.

Dheer becomes dhaadheer (exception as the 'ee' changes into aa)

Wayn becomes Waawayn (the *ay* changes into aa).

Xun becomes xunxun.

**Examples**

Wiilaal yaryar buu kubad la ciyaaraa—*He plays football with small boys.*

Baabuur waawayn baan iibiyaa—*I sell big lorries.*

## Comparing two persons or things without specifying who or which is at advantage or disadvantage

The adverb **'kala'** (apart) is used with an adjective and a verb to be for third person plural e.g. Labada wiil way kala dheer yihiin—*One of the boys is taller than the other.*

To use a Somali adjective superlatively, put the word **'ugu'** before the adjective.

### Examples

Sahra way ugu yar tahay—*Sahara is the youngest.*

Gaadhigan muu ugu/ ugu muu jabna—*This car is not not the cheapest.*

## Cardinal numbers

Kobaad/kowaad (1aad) = first
Labaad (2aad) = second
Seddexaad (3aad) = third
Afraad (4aad) = fourth

Shanaad (5aad) = fifth

Lixaad (6aad) = sixth

Toddobaad (7aad) = seventh

Siddeedaad(8aad) = eight

Sagaalaad (9aad) = ninth

Tobnaad (10aad) = tenth

Kow iyo tobnaad (11aad) = eleventh

Laba iyo tobnaad (12aad) = twelfth

Labaatanaad (20aad) = twentieth

Kow iyo labaatanaad (21aad) = twenty-first

Soddonaad (30aad) = thirtieth

Afartanaad: fortieth

Boqolaad (100aad) = Hundredth

Boqol iyo kow iyo tobnaad (111aad)

Hundred-eleventh

Toddobad**ka** labaad—*The second week*.

## Some phrases related to numbers

Mid ka mid ah = *One of . . .*

Mid naga mid ah = *One of us*

Cidna/qofna = *No one* ('**cidna**' is feminine; '**qofna**' is masculine e.g. Cidna may imanin/ qofna muu imanin weli—*No one has arrived yet*.

Laba-laab = *To double*

Laba-laaban (adj): *doubled*

Seddex-laab = *To triple/tripled* (e.g. seddex laab ah—*Tripled*)

Boqolkiiba: percent e.g. Boqolkiiba toban—*Ten percent*.

Labadeenna = *Both of us*

Labadooda = *Both of them*

## Changing an adjective into an abstract noun

The infinitive form of an adjective doubles as an abstract noun e.g. fiicnaan (goodness); daallanaan (tiredness). Suffix a definite article to the abstract noun to be able to use it in a sentence. Abstract nouns derived from adjectives are feminine nouns e.g. fiicnaan**ta**, daallanaan**ta** except '**qabow**' (cold/coldness) which becomes qabow**ga**. To change an adjectival noun into an abstract noun, suffix '**nimo**' to it e.g. geesi**nimo** (bravery); deeqsi**nimo** (generosity).

# Adjectives used with objective case pronouns

Adjective such as '**le'eg**' (same age/size/height) comes after an objective case pronoun or before an independent pronoun

**Examples**

Fu'aad wuu i le'eg yahay—*Fu'aad is same age as me.* (Fu'aad isku da'/fac baannu nahay/ Fu'aad waannu is le'eg nahay.).

Surwaalkan wuu i le'eg yahay—*This pair of trousers fits me properly.*

Surwaalkan wuu le'eg Siyaad—*This pair of trousers fits Siyaad properly.*

# Using an adjective with a preposition

Somali adjectives can be used with all prepositions except **'ka'**, which is the equivalent of 'than' with a comparative adjective.

**Examples**

U = to (e.g. Dugsigu wuu u dhow yahay suuqa—*The schools is near to the market.*)

Ku = at (e.g. Wuu ku fiican yahay kubadda cagta—*He is good at football.*)

La = with (e.g. Way ila wanaagsan tahay—*It is good with me/fine by me*).

# Tables of adjectives

| Adjectives | Simple present positive | | | | | |
|---|---|---|---|---|---|---|
| | Aniga | Innaga | Adiga You(singular) and Iyada (she) | Idinka (you plural) | Isaga (he) | Iyaga (they) |
| Yar | Yarahay | yarnahay | Yar tahay | Yar tihiin | Yar yahay | Yar yihiin |
| Xun | Xumahay | xunnahay | xun tahay | Xun tihiin | Xun yahay | Xun yihiin |
| Fiican | Fiicnahay | fiicannahay | fiican tahay | Fiican tihiin | Fiican yahay | Fiican yihiin |
| Adag | Adkahay | Adagnahay | adag tahay | Adag tihiin | Adag yahay | Adag yihiin |
| Oggol | Oggolahay | Oggolnahay | Oggoshahay | Oggoshihiin | Oggol yahay | Oggol yihiin |
| Kulul | kululahay | kululnahay | kulushahay | kulushihiin | Kulul yahay | Kulul yihiin |
| Fudud | Fududahay | fududnahay | fududdahay | Fududdihiin | Fudud yahay | Fudud yihiin |
| Daallan | Daallanahay | daallannahay | daallan tahay | Daallan tihiin | Daallan yahay | Daallan yihiin |
| Dhow | dhowahay | dhownahay | dhowdahay | dhowdihiin | Dhow yahay | Dhow yihiin |
| Qabow | Qaboobahay | qabownahay | qabowdahay | Qabowdihiin | Qabow yahay | Qabow yihiin |
| Quruxsan | Quruxsanahay | quruxsannahay | quruxsan tahay | quruxsan tihiin | Quruxsan yahay | Quruxsan yihiin |

| Adjectives | Simple present negative | | | | | |
|---|---|---|---|---|---|---|
| | Aniga | Innaga | Adiga You(singular) and Iyada (she) | Idinka (you plural) | Isaga (he) and iyada (she) | Iyaga (they) |
| Yar | Yari | yarin | yarid | Yaridin | Yara | Yara |
| Xun | Xumi | xumin | xumid | Xumidin | Xuma | Xuma |
| Fiican | Fiicni | fiicnin | fiicnid | Fiicnidin | Fiicna | Fiicna |
| Adag | Adki | Adkin | Adkid | Adkidin | Adka | Adka |
| Oggol | Oggoli | Oggolin | Oggolid | Oggolidin | Oggolla | Oggolla |
| Kulul | kululi | kululin | kululid | kululidin | Kulula | Kulula |
| Fudud | Fududi | fududin | fududid | Fududin | Fududa | Fududa |
| Daallan | Daallani | daallannin | daallanid | Daallanidin | Daallana | Daallana |
| Dhow | dhowi | dhowin | dhowid | dhowidin | Dhowa | Dhowa |
| Qabow | Qaboobi | qaboobin | qaboobid | Qaboobidin | Qabooba | Qabooba |
| Quruxsan | Quruxsani | quruxsanin | quruxsanid | quruxsanidin | Quruxsana | Quruxsana |

| Adjectives | Simple past positive | | | | | |
|---|---|---|---|---|---|---|
| | Aniga | Innaga | Adiga You (singular) and Iyada (she) | Idinka (you plural) | Isaga (he) | Iyaga (they) |
| Yar | Yaraaa | yarayn | yarayd | yaraydeen | Yaraa | Yaraayeen |
| Xun | Xumaa | xumayn | xumayd | xumaydeen | Xumaa | Xumaayeen |
| Fiican | Fiicnaa | fiicanayn | fiicnayd | fiicnaydeen | Fiicnaa | Fiicnaayeen |
| Adag | Adkaaa | Adakayn | adkayd | adkaydeen | Adkaa | Adkaayeen |
| Oggol | Oggolaa | Oggolayn | Oggolayd | Oggolaydeen | Oggolaa | Oggolaayeen |
| Kulul | kululaa | kululayn | kululayd | kululaydeen | kululaa | kululaayeen |
| Fudud | Fududaa | fududayn | fududayd | fududaydeen | Fududaa | Fududaayeen |
| Daallan | Daallanaa | daallannayn | daallanayd | daallanaydeen | Daallanaa | Daallanaayeen |
| Dhow | dhowaa | dhowayn | dhowayd | dhowaydeen | dhowaa | dhowaayeen |
| Qabow | Qaboobaa | qaboobayn | qaboobayd | qaboobaydeen | Qaboobaa | Qaboobaayeen |
| Quruxsan | Quruxsanaa | quruxsanayn | quruxsanayd | quruxsanaydeen | Quruxsanaa | Quruxsanaayeen |

| Adjectives | Simple past negative (same form for all pronouns) | | | | | |
|---|---|---|---|---|---|---|
| | Aniga | Innaga | Adiga You(singular) and Iyada (she) | Idinka (you plural) | Isaga (he) | Iyaga (they) |
| Yar | yarayn | yarayn | yarayn | yarayn | yarayn | yarayn |
| Xun | xumayn | xumayn | xumayn | xumayn | xumayn | xumayn |
| Fiican | fiicanayn | fiicanayn | fiicanayn | fiicanayn | fiicanayn | fiicanayn |
| Adag | Adakayn | Adakayn | Adakayn | Adakayn | Adakayn | Adakayn |
| Oggol | Oggolayn | Oggolayn | Oggolayn | Oggolayn | Oggolayn | Oggolayn |
| Kulul | kululayn | kululayn | kululayn | kululayn | kululayn | kululayn |
| Fudud | fududayn | fududayn | fududayn | fududayn | fududayn | fududayn |
| Daallan | daallannayn | daallannayn | daallannayn | daallannayn | daallannayn | daallannayn |
| Dhow | dhowayn | dhowayn | dhowayn | dhowayn | dhowayn | dhowayn |
| Qabow | qaboobayn | qaboobayn | qaboobayn | qaboobayn | qaboobayn | qaboobayn |
| Quruxsan | quruxsanayn | quruxsanayn | quruxsanayn | quruxsanayn | quruxsanayn | quruxsanayn |

# Prepositions

Some facts about Somali prepositions

- Somali prepositions are used with a verb, noun or an adjective.

- If a definite article is suffixed to a number to tell the time, the definite article conveys the meaning of a preposition e.g. Laba**da** = *at two*. If a definite article is suffixed to a day of week, the definite article conveys the meaning of a preposition e.g. Isniin**ta** = *on Monday.*

- Unlike English preposition a Somali preposition is not used without a noun. To say 'at the bar' in Somali, add a definite article to the noun, e.g. Baarka = *at the bar*.

- Prepositions come before a verb or an adjective.

- The preposition **la** (with), not to be confused with **la'** (without) or the impersonal pronouns **la** (one), takes precedence over other prepositions to be before a verb or an adjective. Only **soo** or **sii** can take precedence over **la**.

## Preposition-related posssive suffixes

In Somali the equivalent of **inside/outside/behind** etc. are nouns. To use them as a preposition, a possessive determiner is suffixed to the the noun that comes after the place being referred to.

Dibed**da** (outside)—dibaddeeda/dibeddiisa/dibaddooda (e.g. Guriga dibeddiisa—*Outside the house.*)

Gudo (inside)—gudahiisa/gudaheeda/gudahooda (e.g. Qolalka gudahooda—*Inside the rooms.*)

Dul (on top of) dushiisa/ dusheeda/dushooda (e.g. Miiska dushiisa—*On top of the desk.*)

Hoosta (beneath) hoostiisa/hoosteeda/hoostooda
(e.g. dallada hoosteeda—*Beneath the umbrella*.)

Geeska (side) geeskiisa/geeskeeda/geeskooda
(e.g. Guriga geeskiia—*The side of the house*).

Horta (in front of)—hortiisa/horteeda/hortooda
(e.g Horteeda ayuu gaadhigu joogsaday—*The car has stopped in front of her*).

Dabo (back/behind)—dabadiisa/dabadeeda/
dabadooda (e.g. Guriga dabadiisa—*Behind the house*)

# Preposition clusters

| | | | | | |
|---|---|---|---|---|---|
| to/for me | i+u | **li**<br>li keen gaadhi!—<br>*Bring me a car!* | i+u+u | **ligu**<br>Wuxuu iigu keenay gaadhiga si deg deg ah—*He brought the car to me quickly.* | |
| | | | i+u+ku | | |
| | | | i+u+ka | **liga**<br>Wuxuu gaadhiga iiga keenay magaalo kale—*He brought the car to me from another town.* | |
| at/in/by me | i+ku | **Igu**<br>Waxay igu aragtay suuqa—*She has seen me in the market.* | i+u+la | **lila**<br>Wuxuu iila yimid qorshe cusub—*He came to me with a new plan.* | |
| from/about me | i+ka | **Iga**<br>Wuxuu iga imaahday lacag—*He has borrowed money from me.* | i+ku+ka | **Igaga**<br>1.Waxay gaadhiga igaga qaadday xoog—*She took the car from be by force.*<br><br>2.Wuxuu igaga tagay baarka—*He left me at the bar.* | |
| | | | i+ka+ka | | |
| | | | i+ku+la | **Igula**<br>Inaan guri iibsado bay igula talisay—*She advised me to buy a house.* | |
| with me | i+la | Ila—*Way ila tagaysaa suuqa—*<br>*She will go to the market with me.* | i+ka+la | **Igala**<br>Ganacsiga magaalada buu igala hadli doonaa—<br>*He will talk to me about the town business.* | |
| to/for you | ku+u | **Kuu**<br>Miyaan kuu sheegay war?—*Have I told you a news?* | ku+u+u | **Kuugu**<br>Muxuu kuugu keenay warqadda goor hore?—*Why has brought the letter to you early?*<br>2—Muxuu kuugu yimid baarka?—*Why has he come to you at the bar?* | |
| | | | ku+u+ku | | |
| | | | ku+u+ka | **Kaaga**<br>Halkee buu kaaga yimid?—*Where has he come to you from?* | |
| | | | ku+u+la | **Kuula**<br>Maxay kuula timid?—*What has she come to you with?* | |

| | | | | | |
|---|---|---|---|---|---|
| at/in/by you | ku+ku | **Kugu** Miyuu kugu arkay suuqa?—*Has he seen you in the market?* | ku+u+ka | **Kaaga** 1-Muxuu kaaga tagay guriga?—*Why has he left you at home?* 2-Miyuu baarka kaaga tagay goor dambe?—*Has he left you at the bar late?* | |
| from/about you | ku+ka | **Kaa** Miyuu kaa qaatay qalin?—*Has he taken a pen from you?* | ku+ka+ka | **Kugula** Waxaan kugula kulmay Hargeysa sanadkii hore— *I met you in Hargeysa last year.* | |
| with you | ku+la | **Kula** Yaa kula sheekaysanaya?— *Who is having a chat with you?* | ku+ku+la | | |
| | | | ku+ka+la | **Kaala** Waxay kaala hadashay qorsheyaal—*She has talked to you about plans.* | |
| to/for us | na+u | **Noo** Miyay noo keenaysaa gaadhi cusub?—*Is she bringing us a new car?* | na+u+u | **Noogu** 1-Muxuu noogu keenay gaadhiga?— *Why has he brought us the car?* 2-Wuxuu noogu yimid baarka xalay— *Last night he came to us at the bar.* | |
| | | | na+u+ku | **Nooga** Wuxuu nooga yimid magaalo kale—*He came to us from another town.* | |
| | | | na+u+ka | **Noola** Wuxuu noola yimid qorshe cusub—*He came to us with a new plan.* | |
| | | | na+u+la | | |
| at/in/by us | na+ku | **Nagu** Wuu nagu yidhi 'berri baan imanayaa"—*He said to us "I am arriving tomorrow.* | na+ku+ku? | **Nagaga** 1.Wuxuu nagaga qaaday gaadhiga xoog—*He took the car from us by force.* 2.Waxay nagaga tagtay dukaanka—*She left us at the shop?* | |
| | | | na+ku+ka? | | |
| from/about us | na+ka | **Naga** Wuu naga tagay saacad ka hor—*He left us an hour ago.* | na+ka+ka | | |
| | | | na+ku+la | **Nagula** Miyaad inagula kulmaysaa baarka?—*Will you meet us at the bar?* | |

83

| | | |
|---|---|---|
| with us | na+la | **Nala** Shalay bay nala timid London—*She arrived in London with us yesterday.* |
| to/for us | ina+u | **Inoo** Way inoo timid—*She came to us.* |
| at/in/by us | ina+ku | **Inagu** Wuu inagu yidhi'berri baan imanayaa"—*He said to us "I am arriving tomorrow.* |
| from/about us | ina+ka | **Inaga** Wuu inaga tagay saacad ka hor—*He left us an hour ago.* |
| with us | ina+la | **Inala** Shalay bay inala timid London—*she arrived in London with us yesterday.* |
| to/for you | idin+u | **Idiin** Miyaanan idiin sheegin war?—*Have I not told you news?* |

| | |
|---|---|
| na+ka+la | **Nagala** Waxay nagala hadli doontaa qorshaha cusub—*She will talk to us about the new plan.* |
| ina+u+u / ina+u+ku | **Inoogu** 1-Waxay cashada inoogu keentay si deg deg ah—*She brought us the dinner quickly.* 2-Wuxuu inoogu yimid baarka xalay—*Last night he came to us at the bar.* |
| ina+u+ka | **Inooga** Wuxuu inooga yimid magaalo kale—*He came to us from another town.* |
| ina+u+la | **Inoola** Miyaad inoola timid fikrad cusub?—*Have you come to us with a new idea?* |
| Ina+ku+ka? / ina+ka+ka | **Inagaga** 1.Wuxuu inagaga qaaday gaadhiga xoog—*He took the car from us by force.* 2.Waxay inagaga tagtay dukaanka—*She left us at the shop.* |
| ina+ku+la | **Inagula** Wuxuu inagula kulmay suuq-yaraha—*He met us at the supermarket.* |
| ina+ka+la | **Inagala** Waxay inagala iman doontaa London—*She will come with us from London.* |
| idin+u+ku | **Idiinku** Waxaan idiifuraha idiinku keenayaa baarka—*I will bring you the keys in the bar.* |
| idin+u+ka | **Idiinka** Muxuu idiinka yimid Oslo?—*Why has come to you from Oslo?* |
| idin+u+la | **Idiinla** Miyay idiin la timid fureyaal—*Has she come to you with keys?* |

| | | |
|---|---|---|
| at/in/by you | idin+ku | **Idin ku**<br>Waxaan idin ku idhi "berri waa Sabti"—*I said to you "tomorrow is Saturday".* |
| from/about you | idin+ka | **Idin ka**<br>Sow maan idin ka tagin goor dambe xalay?—*Have I not left you late last night?* |
| with you | idin+la | **Idin la**<br>Waan idinla tagayaa suuqa—*I am going to the market with you.* |

| | |
|---|---|
| idin+ka+ka | **Idinkaga**<br>Waxaan lacagta idinkaga qaatay baarka—*I took the money from you at the bar.* |
| idin+ku+la | **Idinkula**<br>1-Halkee buu idinkula kulmay?—*Where has he met you?*<br>2-Muxuu idinkula taliyay?—*What advice has he given you?* |
| idin+ka+la | **Idinkala**<br>Sow may idin kala imanin Soomaaliya?—*Has she not come with you from Somalia?* |

# Noun Declensions

Somali nouns are either masculine or feminine.

The singular and plural form of some Somali nouns are written the same way but are pronounced differently e.g. ey = a dog; ey = dogs. The stress is on the first letter of the singular noun; the stress is on the second letter of the plural noun.

Somali has mass nouns. Mass nouns have a gender and are uncountable.

**Examples**

Subag (masculine, singular) = butter
Milk (masculine, plural) = milk
Biyo (masculine, plural) = water
Bur (masculine, singular) = flour
Shaah (masculine, singular) = tea
Saliid (feminine, singular) = oil
Sonkor (feminine, singular) = sugar

# Possessive determiners for singular, masculine nouns

## Nouns in the following two tables are based on the letter(s) with which a noun ends.

| Nouns | my | your | his | her | Our(excl.) | Our (inclu.) | their | Your(pl) |
|-------|------|-------|-------|-------|-----------|-------------|-------|---------|
| Dab | kayga | kaada | kiisa | keeda | keenna | Kayaga | kooda | kiinna |
| Magac | ayga | aada | iisa | eeda | eenna | ayaga | ooda | iinna |
| Dad | kayga | kaada | kiisa | keeda | keenna | Kayaga | kooda | kiinna |
| Gef | kayga | kaada | kiisa | keeda | keenna | Kayaga | kooda | kiinna |
| Harag | gayga | gaada | giisa | geeda | geenna | gayaga | gooda | giinna |
| Daah | ayga | aada | iisa | eeda | eenna | ayaga | ooda | iinna |
| Xaj | kayga | kaada | kiisa | keeda | keenna | Kayaga | kooda | kiinna |
| Qol | kayga | kaada | kiisa | keeda | keenna | Kayaga | kooda | kiinna |
| Bam | kayga | kaada | kiisa | keeda | keenna | Kayaga | kooda | kiinna |
| Qalin | kayga | kaada | kiisa | keeda | keenna | Kayaga | kooda | kiinna |
| Buuq | ayga | aada | iisa | eeda | eenna | ayaga | ooda | iinna |
| Dhar | kayga | kaada | kiisa | keeda | keenna | Kayaga | kooda | kiinna |
| Mas | kayga | kaada | kiisa | keeda | keenna | Kayaga | kooda | kiinna |
| Qabow | gayga | gaada | giisa | geeda | geenna | gayaga | gooda | giinna |
| Dhagax | ayga | aada | iisa | eeda | eenna | ayaga | ooda | iinna |
| Hoy | gayga | gaada | giisa | geeda | geenna | gayaga | gooda | giinna |
| Ba' | ayga | aada | iisa | eeda | eenna | ayaga | ooda | iinna |
| Bare | hayga | haada | hiisa | heeda | heenna | hayaga | hooda | hiinna |
| Guri | gayga | gaada | giisa | geeda | geenna | gayaga | gooda | giinna |
| Go' | ayga | aada | iisa | eeda | eenna | ayaga | ooda | iinna |
| Hu' | gayga | gaada | giisa | geeda | geenna | gayaga | gooda | giinna |

# Possessive determiners for singular, feminine nouns

| Nouns | my | your | his | her | Our(excl.) | Our (incl.) | their | Your(pl) |
|---|---|---|---|---|---|---|---|---|
| Laab | tayda | taada | tiisa | teeda | teenna | tayaga | tooda | tiinna |
| Bac | dayda | daada | diisa | deeda | deenna | dayada | dooda | diinna |
| Dallad | dayda | daada | diisa | deeda | deenna | dayada | dooda | diinna |
| Dheef | kayga | kaada | kiisa | keeda | keenna | Kayaga | kooda | kiinna |
| Dheg | tayda | taada | tiisa | teeda | teenna | tayaga | tooda | tiinna |
| Bah | dayda | daada | diisa | deeda | deenna | dayada | dooda | diinna |
| Hal | shayda | shaada | shiisa | sheeda | sheenna | shayada | shooda | shiinna |
| run | tayda | taada | tiisa | teeda | teenna | tayaga | tooda | tiinna |
| Beer | tayda | | tiisa | teeda | teenna | tayaga | tooda | tiinna |
| Hees | tayda | taada | tiisa | teeda | teenna | tayaga | tooda | tiinna |
| Caw | dayda | daada | diisa | deeda | deenna | dayada | dooda | diinna |
| Deex | dayda | daada | diisa | deeda | deenna | dayada | dooda | diinna |
| Dhay | dayda | daada | diisa | deeda | deenna | dayada | dooda | diinna |
| Da' | dayda | daada | diisa | deeda | deenna | dayada | dooda | diinna |
| Kaadi | dayda | daada | diisa | deeda | deenna | dayada | dooda | diinna |
| Lo' | dayda | daada | diisa | deeda | deenna | dayada | dooda | diinna |
| Bu' | dayda | daada | diisa | deeda | deenna | dayada | dooda | diinna |

# Declensions of singular nouns with possessive determiners

| | Declensions | my | your | his | her | Our(excl.) | Our(incl.) | their | Your(pl) |
|---|---|---|---|---|---|---|---|---|---|
| 1 | warqad | day(da) | daada | diisa | deeda | deenna | dayada | dooda | diin |
| 2 | Tagsi | gay(ga) | gaa(ga) | giisa | geeda | geenna | gayaga | gooda | giin |
| 3 | Jilib | kay(ga) | kaa(ga) | kiisa | leeda | keenna | kayaga | kooda | kiin |
| 4 | Miis | kay(ga) | kaa(da) | kiis(a) | keeda | keenna | Kayaga | kooda | kiin |

| 5 | Ey | gay(ga) | taada | giis(a) | teeda | teenna | gayaga | good | giin |
| 6 | Arday | gayga | daada | giis(a) | deeda | deenna | gayaga | good(a) | giin(na) |
| 1 | Hooyo | aday | daa(da) | diis(a) | deed(a) | deen(na) | adayo | dood | diin |

# Declensions of plural nouns with possessive determiners

If a plural noun ends with a vowel, drop the vowel to suffix a possessive determiner to it e.g. warqad**ahay**.

| | Declensions | my | your | his | her | Our(excl.) | Our(incl.) | their | Your (pl) |
|---|---|---|---|---|---|---|---|---|---|
| 1 | warqado | ahay | ahaa(ga) | ahiis(a) | aheed(a) | aheen(na) | ahayo | ahood(a) | ahiin(na) |
| 2 | Tagsiyo | aday | adaada | adiisa | adeeda | adeenna | adayo | adood(a) | adiin(na) |
| 3 | Jilbo | ahay | ahaa(ga) | ahiisa | aheeda | aheenna | ahayaga | ahood(a) | ahiin(na) |
| 4 | Miisas | kay | kaa(da) | kiis(a) | keeda | keenna | kayaga | kood(a) | kiin(na) |
| 5 | Ey | day | daada | diis(a) | deeda | deenna | dayada | dood | diin(na) |
| 6 | Arday | day | daada | diis(a) | deeda | deenna | dayada | dood(a) | diin(na) |
| 7 | Hooyooyin | kay | kaa(ga) | kiis(a) | keed(a) | keen(na) | kayo | kood | kiin(na) |

# More genitive case examples

Guriga Raage—*The house of Raage.*
Raage gurigiisa—*Raage's house.*

# A table of noun declensions

| Noun declensions | | | | | |
|---|---|---|---|---|---|
| Decl | Sing | Plur | Information | Add | Examples with definite article/ demonstrative suffixes and numbers |
| 1 | FEM | MASC | | O | WARQAD<br>waqadda; warqaddii; warqaddan; warqaddaas; hal warqad |
| | | | ends in | | WARQADO<br>Warqadaha/warqadihii; warqadahan; warqadahaas; laba warqadood |
| | | | 'O' | | |
| 2 | MASC | FEM | More than one | O | TAGSI<br>Tagsiga; tagsigii; tagsigan; tagsigaas; hal tagsi |
| | | | syllable Do not | | TAGSIYO<br>Tagsiyada; tagsiyadii; tagsiyadan; tagsiyadaas; laba tagsi (no change to the plural) |
| | | | end in 'E' | | |
| 3 | M/F | MASC | | O | JILIB(knee)<br>jilibka; jilibkii; jilibkan; jilibkaas; laba jilib |
| | | | Two syllables | Take off | HILBO<br>Hilbaha; hilbihii; hilbahan; hilbahaas; (not to be used with numbers) |
| | | | | final vowel | |
| 4 | MASC | MASC | One syllable— | A | MIIS<br>Miiska; miiskii; miiskan; miiskaas; hal miis |
| | | | ends in | copy final | MIISAS<br>Miisaska; miisaskii; Miisaskan; miisaskaas; laba miis (no change to the plural) |
| | | | consonant | consonant | |
| 5 | MASC | FEM | Words are the | STRESS | EY,<br>Eyga(the dog); eygii; eygan; eygaas; hal ey<br>EY eyda (the dogs); eydii; eydan; eydaas; hal ey; laba ey |
| | | | same—plural | TONE | ARDAY (the pupil/student)<br>Ardayga; ardaygii; hal arday; ardaygan; ardaygaas; |
| | | | and singular | CHANGE | ARDAY<br>Ardayda; ardaydii; ardaydan; ardaydaas; laba arday |

| | | | | | |
|---|---|---|---|---|---|
| 6 | FEM | MASC | Words | OYIN | HOOYO<br>Hooyada; hooyadii; hooyadan; hooyadaas; laba hooyo |
| | | | end in | | HOOYOOYIN<br>Hooyooyinka; hooyooyinkii; hooyooyinkan; hooyooyinkaas; laba hooyooyin |
| | | | 'O' | | |
| 7 | MASC | FEM | Words | Take off | BARE<br>Baraha; barihii; barahan; barahaas; hal bare |
| | | | end in | 'E' add | BAREYAAL |
| | | | 'E' | AYAAL | Bareyaasha; bareyaashii;<br>bareyaashan; bareyaashaas<br>Laba bare |

# Grammar notes

- The reduced form is used for the media, education, administration and formal occasions. The word **'oo'**, when not used as the Somali equivalent of 'and' to link verbs/adjectives or as who/which, is a focus word like ayaa/baa, but is used only for headlines e.g. Ra'iisal Wasaaraha **oo** Wales booqan doona—*The Prime Minister to visit Wales.*

- If *baa/ayaa* focuses a subject of a sentence, a reduced form of verb is used. In the simple past tense and past continuous tense positive and positive interrogative, the second person singular(adiga), second person plural (idinka) and third person plural (iyaga) take a reduced form verb of the third person singular masculine (isaga) e.g. Gabdhaha ayaa qadada **karinaya**—*The girls are cooking the lunch.*

- If a verb in infinitive form is used for a reduced form sentence, the auxiliary (e.g.

rab, doon or kar) takes a reduced form e.g.
Wiilasha baa London tagi **doona**—*The boys
will go to London.*

- To change a reduced form positive sentence
  into a question, begin the sentence with **ma**
  e.g. **Ma** Guuleed baa shaah caba?—*Does
  Guuleed drink tea?* or replace the focus word
  *baa/ayaa* with *miyaa* e.g. Guuleed **miyaa** shaah
  caba?—*Does Guuleed drink tea?*

- Independent pronouns (aniga, innaga, adiga,
  idinka, isaga, iyada and iyaga) can be focused
  by **baa/ayaa** e.g. Aniga ayaa suuqa aada—*I go
  to the market.*

- The impersonal pronoun **la** is not used in a
  reduced form sentence because it cannot be
  focused by **baa/ayaa**.

- Negative of **baa** and **ayaa** are baan and ayaan
  respectively. If a subject of sentence is focused
  by a negative focus word (**baan/ayaan**),
  remember to use either negative verb of simple
  past or past continuous tense, and include an
  adverb of time to eliminate the ambiguity in

the sentence e.g. **Jeelle baan shaah cabin** can mean *Jeelle does not drink tea* or *Jeelle has not drunk tea*.

- If an object of an affirmative sentence is focused by **baa** (for the impersonal pronoun **la**) or **baad, buu, bay, baanu, baydin** etc., the focus word can be replaced by appropriate declarative mood classifier with verbal subject pronoun e.g. Shaah buu/wuu cabaa—*He drinks tea.*

- **Waa,** the positive declarative mood classifier, can come before words such as **halkee** (where) **immisa/intee/meeqa** (how much/ many) (e.g. Waa immisa maalmood—*How many days?*), without using a verb.

- A sentence can begin with positive mood classifier (**waa**) with verbal subject pronoun such as *waan, waad, wuu* etc. but the verb or the adjective will determine the tense e.g. Wuu baxay/baxayaa—*He has left/is leaving.*

- If the positive declarative classifier waa is used with the impersonal pronoun la, the sentence can be translated into a passive voice sentence e.g. Waa la cunay bariis—*Rice has been eaten* (*one has eaten rice*).

- The positive declarative mood classifier **waa** with verbal subject pronoun (waan/waad/ wuu/way etc) can work with both transitive and intransitive verbs e.g. Waan qadeeyay kowdii—*I had lunch at one.*

- **Waxaan/waxaad/wuxuu/waxay/waxaannu/ waxaynu, waxaydin** can be used with transitive verbs. To be able to use it with an intransitive verb, **Waxaan/waxaad/ wuxuu/waxay/waxaannu/waxaynu, waxaydin** need a preposition—e.g. Waxaan **ku** daalay fadhiga—*I am tired of sitting.* Waxaan/ waxaad/ wuxuu etc. does not follow an object unless the verb goes with a preposition. Qadada waxaan **ku** cunay laba daqiiqadood—*I had lunch in two minutes;* or an adverb of time e.g. Qadada waxaan cunay **labadii**—*I had dinner at two; or* an adverb of manner e.g. Qadada waxaan u cunay **si deg deg ah**—*I had lunch quickly.*

- **Waxaan, waxaad, wuxuu**, etc. are sometimes used in an imperative sentence colloquially e.g. Waxaad tagtaa guriga Faysal!—*Go to Faysal's house!* If *Waan is* used in place of **waxaa**d in the preceding example, it will convey the meaning of simple present tense.

- An in-clause is sometimes used as imperative, compound sentence e.g. Intaad gurigayga tagtid ii keen furaha miiska saaran!—*Go to my house and bring me the key on the desk!*

- In spoken Somali a negative simple present sentence is sometimes used to convey the meaning of an imperative sentence or optative e.g. Maad toostid goor hore!—*Get up early!* Maannu tagno suuqa—*Let us go to the market.* Unlike simple present negative sentence, the object can follow the negative sentence marker maan/muu etc. e.g. **M**aad **qori** iibsatid!—*Buy a gun!* The stress is on the first letter of the negative sentence maker.

- Sometimes Somalis form a future sentence without using the auxiliary *doon*, e.g. Wuu tagi Hargeysa sanadka dambe—*Next year he will go to Hargeysa.*

- There are verbs conjugated in specific tenses e.g. joog: (Wuxuu joogaa guriga—*He is staying at home*); garo: to know (Wuu garanayaa sida telefishin loo hagaajiyo—*He knows how to repair a television*); soco (Wuxuu u socdaa magaalada—*He is going to the town*).

- To change a positive sentence beginning with wuxuu/ waxaan etc. (e.g. Waxay qoraysaa warqad—*She is writing a letter*) into a question, put the positive interrogative classifier **ma** before waxay, waxaad, wuxuu etc. (e.g. **Ma** waxay qoraysaa warqad?—*Is she writing a letter?*)

- Negative for **waxaan, waxaad, wuxuu, waxay, waxaannu/waxaynu,** and **waxaydin** are, **waxaanan waxaadan, wuxuusan, waxaysan, waxaannan/waxaynan, and waxaydan.** It is used to answer a what/why-question negatively. A negative verb of simple past or past continuous tense is used. Use an adverb of time to eliminate the ambiguity. e.g. Waxaanan cunin hilib shalay—*I did not eat meat yesterday.*

- To answer a question about **what** e.g. Maxaad cuntay?—*What have you eaten?*/ Ma waxaad cabtay shaah?—*Have you drunk tea*—answer with waxaan/waxaad/wuxuu etc. e.g. Haa, waxaan cabay shaah—*Yes, I had tea.*

- To answer a question beginning with **miyaad, miyuu, miyaan** etc. do/did/have /will/ are/ am/is etc., answer with **waan/wuu, way** etc. e.g. Miyuu yimid?—*Has he arrived?* Haa, wuu yimid xalayto—*Yes, he arrived last night.*

- To answer a question about **who** as subject, use the reduced form, e.g. Yaa Birmingham tagaya berri?—*Who is going to Birmingham tomorrow?* Jaamac baa Birmingham tagaya berri—*Jaamac is going to Birmingham tomorrow.*

- To answer question about *whom*, begin the sentence with the object and focus it with buu/ bay/baad etc, e.g. Yuu lacag siiyay shalay?—*To whom did he give money yesterday?* Sahra buu lacag siiyay shalay—*He gave money to Sahra yesterday. Or* Wuxuu lacag siiyay Sahra shalay—*He gave money to Sahra yesterday'.*

- To answer a question about when, begin the sentence with an interrogative adverb of time (**goorma/waqtigee**) followed by a focus word *buu/bay/baad* etc. followed by a verb e.g. Shalay bay timid—*She arrived yesterday,* or begin it with a subject followed by an adverb of time and followed by a focus word e.g. Geeddi shalay buu dhoofay—Geeddi travelled yesterday. Or Wuxuu dhoofay shalay—*He travelled yesterday.*

- In colloquial spoken Somali the mood classifier **ma** is used interchangeably with **maan/muu/may** etc. in negative sentences e.g. Ma cabo qaxwe—*I do not drink coffee.* The context helps the hearer to understand the subject of the sentence.

- Some speakers add negative marker to the verbal subject pronouns with the positive declarative e. g. waan**an**, wuu**san**, way**san**, way**nan**, way**dan** waad**an**) and can be used with transitive and intransitive verbs e.g. waanan cabin shaah—*I do not/have not drunk tea.* Wuusan joogin—*He is not around.* To eliminate the ambiguity caused by the negative marker suffix, use an adverb of time. If **ma** is put before a sentence such as Waadan cabin shaah—*you do not drink/have not drunk tea*, it becomes a negative interrogative e.g. **Ma** waadan cabin shaah?—*Don't you drink/haven't you drunk tea?* Use an adverb of time to eliminate the ambiguity in writing or speech.

- The mood classifier **ma** is also used for positive interrogative sentences e.g. Ma keenay buug shalayto?—*Did I/he bring a book yesterday?* The context helps the hearer to understand the subject of the sentence. When written down, such a sentence cannot be translated because of ambiguity: the past tense positive form of the verb for me and him, (*keenay*) are the same.

- **Miyaa** can be put after a noun in a positive interrogative question without using a verb e.g. Sabti miyaa?—*Is it Saturday?* (Compare: Ma Sabti baa?—*Is it Saturday?*)

- **Miyaa** can also be put after a verb in sentence beginning with an object: Shaah buu cabaa, miyaa—*He drinks tea, does he?*

- In colloquial Somali, **maad, muu, may** etc. are used interchangeably with **miyaad, miyuu, may etc**. for positive interrogative sentences e.g. Maad baxaysaa?—*Are you going?*

- You can begin a sentence with an in-clause whose verb is focused by **baad/buu/bay/ baannu** etc. e.g. Inuu London tago buu rabaa—*He wants to go to London.* Inuu gaadhi hagaajin karo baan ogahay—*I know that he can fix a car.*

- The positive declarative mood classifier **waa**, when used with the impersonal pronoun **la,** can convey an obligation meaning. Waa la quudiyaa bisadda—*The cat must be fed (the cat is fed).*

- The negative **ma** can be put before or after the impersonal pronoun *la* in a negative sentence. **Ma la/la ma** helin furaha weli—*The key has not been found yet.* **Ma la/ la ma** jirdilo maxbuus—*A prisoner should not be tortured* (*a prisoner is not tortured.*)

- Use **waayo** as single word to ask a question e.g. Waayo?—*Why?* Or use it as an equivalent of 'because'. Tagsi ayuu qaatay waayo wuu daahsanaa—*He caught a taxi because he was late.* **Waayo** does not mean 'because of' (. . . awgeed/darteed).

- The verb '**sheeg'** is used in reported speech as 'said'. Wuxuu sheegay inuu xisbi cusub ku biiri doono—*He said he that he would join a new party.*

- The focus word **waxa** is used for passive, reduced form. (Object+waxa+verb (reduced form) + subject) e.g. Gaadhi waxa hagaajiya Geeddi—*A car is fixed by Geeddi.* To use **waxa** with an intransitive verb, begin the sentence with **waxa** e.g Waxa yimid Siyaad—*Siyaad has arrived.* It can also be used with an adjective (remember to delete the verb to be in an affirmative sentence) e.g Waxa jaban gaadhigan—*This car is cheap.* Waxa geesi ah Geelle—*Geele is brave.* To use **waxa** in negative sentence, put **aan**, the negative maker, after **waxa**, and use negative simple past or past continuous verb or adjective. e.g. Gaadhi waxa aan hagaajinin Geeddi—*A car is not fixed by Geeddi*. Waxa aan jabnayn gaadhigan—*This car is/was not cheap*. Use an adverb of time to eliminate ambiguity in the tense. To use **waxa** in positive or negative interrogative, put **ma** before **waxa** eg. Ma waxa jaban gaadhiga?—*Is the car cheap?*

- When the Somali word **'is'** means '**each other**', use a verb for first person plural (innaga)/ second person plural (idinka)/ third person plural (iyaga). Waxaannu isku aragnay suuqa—*We saw each other at the market*. '**Is'** also a reflexive word meaning 'self' e.g. Tuuggu wuu is dhaawacay—*The thief has injured himself*.

- Prepositions can come before or after a negative sentence marker e.g. Qalin maan kuu/kuu maan keenin—*I have not brought a pen to you.*

- Verbs such as **cashee** (to have a dinner) and **qadee** (to have a lunch) have transitive properties but are intransitive verbs e.g. Waan casheeyay—*I had dinner.* (Cashee cannot be used with waxaan/waxaad etc. Without an adverb e.g. Waxaan casheeyay toddobadii—*I had dinner at seven.*)

- To be able to change sentences that begin with an object focused by a focus word e.g. Shaah **buu** cabay—*He has drunk tea*—into a question, put **'ma'** before the object e.g. **Ma** shaah buu cabay?—*Has he drunk tea?*

# Revision Notes

The following revision notes are intended to help the learner practise commonly-used, verb-based Somali grammatical structures. Tables are intended to help the learner practise structures by using the correct tense and verb form. The numbers refer to the conjugation table and the tense the learner may want to practise.

*    *    *

**Asking how:** (positive interrogative): **sidee** baan/ baad/buu/bay/baannu/baydin; **u** put before the verb; if a deictic word, sii/soo, is used, put it after the **u**. Sidee baad gaadhi u hagaajisaa?—*How do you fix a car?* The negative interrogative with **sidee** is used to ask a reason—**Sidee** baanan/ baadan/buusan/baysan/baynan/ baydan (e.g. Sidee buusan gaadhi u iibsanin shalay?—*Why did he not buy a car yesterday?* Tables: 1, 3, 6, 9.

**Asking about distance** e.g. Intee bay magaaladu jirtaa?—*How far is the town?* Use **u** (from) to ask how far one place is from another e.g. Intee bay Kismaayo u jirtaa Baydhaba?—*How far is Kismaayo from Baydhaba?* Use *isu* (each other) and a plural verb for the two places. Intee bay Kismaayo and Baydhaba isu jiraan?—*How far is Kismaayo from Baydhaba?* Table 3.

**Asking what:** maxaan/maxaad/muxuu/maxay/ maxaydin/maxaannu/ for positive interrogative e.g. Maxaad samaysay?—*What have you done?* Negative interrogative: maxaanan/maxaadan/ muxuusan/maxaynan/maxaydan/maxaynan e.g. Muxuusan cunin shalay?—*What did he not eat yesterday?* Tables: 1,2,3,6,9,10.

**Asking when** positively (**goorma** followed by baad, buu etc. and baa for *la*) e.g. goormuu (goorma buu) Garoowe tagay?—*When did he go to Garowe?* For a negative interrogative, **goorma** is followed by baanan/baadan/ buusan/baysnan/ baynan/ baydan/, and baan for **la** e.g. Goorma baan dukaanka la furin?—*When was not /is not the shop opened?*—use an adverb of time to eliminate ambiguity. Tables: 1,2,3,6,9,10.

**Asking where** (positive/negative interrogative) xaggee/halkee/meeshee followed by baan/ baad/ buu/bay/baydin etc. e.g. Halkee buu joogaa?—*Where is he?* For negative interrogative **halkee/meeshee** followed by baanan/ buusan/baysan etc. e.g. Halkee baysan tagin shalay?—*Where did she not go yesterday?* Tables: 1,2,3,6,9,10.

**Asking which** (subject positive) Wiilkee baa London taga Sabti kasta?—*Which boy goes to London every Saturday?* Negative interrogative e.g. Wiilkee baan aadin London sanadkii hore?—*Which boy did not go to London last year?* Tables 1,2, 4,7, 9 10.

**Asking who** as subject positive (**yaa** e.g. who does/is etc.) e.g. Yaa gaadhi hagaajiya?—*Who fixes a car?*; for negative (yaan e.g. who does not/ is not etc.) e.g. Yaan badda tegin weli?—*Who hasn't been to the sea yet?* Tables: 1,2,4,7,9,10.

**Asking whom** yaa (for la)/ yaan/yaad/yuu/yay/ yaannu//yaydin e.g. Yuu la kulmay?—*Whom has he met?* Variant: / kuma/tuma/kuwee followed by baad/buu/bay etc. positive interrogative; for

negative interrogative :baanan/baadan/buusan/
baydan/baysan/baynan etc. e.g. Yuusan la
kulmin shalay?—*Whom did he not meet yesterday?*
Tables: 1,2, 3,6,9,10.

**Asking why:** maxaad/muxuu/maxay/maxaan/
maxaydin/maxaannu e.g. Muxuu qalinka kuu
siiyay?—*Why has he given you the pen?* For
negative interrogative sentences: maxaadan/
muxuusan/maxaysan/maxaanan/maxaydan/
maxaynan e.g. Maxaadan Rooble u la kulmin
shalay?—*Why did you not meet Rooble yesterday?*
Sababtee (for what reason) followed by baan/
baad/buu/bay/baannu/baydin e.g. Sababtee
baad xabsiga u booqatay?—*For what reason
h*ave *you visited the prison?* For negative
interrogative: **sababtee** baanan/baadan/buusan/
baysan/baynan/baydan e.g. Sababtee baadan
gaadhigayga u soo celinin?—*For what reason have
you not returned my car?* Tables: 1,2, 3,6,9,10.

**Using where** in affirmative or negative
sentences, halka/meesha followed by aan/ aad/
ay/uu/ aannu/ aydin e.g. Meesha/ halka uu ka
sheqeeyo—*Where he works.* Meesha ay ku nool
yihiin . . .—*Where they live . . .* For negative

sentences halka/meesha followed by aanan/
aadan/aysan/uusan/ aynan/ aydan e.g. Halka
uusan ka shaqaynin . . . —*Where he does not /
did not work* . . . . Use an adverb of time for the
negative sentences. Tables: 1,2,5,8,9,10.

**Using equivalent of 'be *it* . . .' ha ahaado . . .**
(for singular masculine noun); ha ahaato . . . (for
singular, feminine noun; ha ahaadeen . . . (for
plural noun). Table: 5

**Using** inta aanan/aadan etc. **"before I/ you . . ."**
with a verb in negative simple past e.g. Inta
aanan Birmingham aadin berri . . .—*Before I go to
Birmingham tomorrow* . . .) Use adverb of time e.g.
shalayto or berri or hadhow, to avoid ambiguity.
Table 2.

**Focusing** 'awgiis/awgeed' etc. (because of . . .)
e.g. Qabowga awgiis **buu** shaah badan u
cabaa—B*ecause of cold weather he drinks more tea.*
Negative: Qabowga awgiis **buusan** shaah badan
u cabin—*Because of cold weather he does not drink
more tea*. Tables 1, 2,3,6,9,10.

**Focusing how**—in a positive interrogative immisa/intee baad/buu e.g. Immisa baad bixisay?—*How much have you paid?* Immisa maalmood baad joogaysaa Boorame?—*How many days are you going to stay in Boorame?* Tables 1, 3,6,9.

**Giving a reason**—sababta aan/aanan etc and the intensifier *u* placed before the verb. e.g Sababta aan u tagay suuqa waxay ahayd inaan wax soo iibsado—*The reason I went to the market was to buy something.* Tables: 1, 2,5,8,9,10.

**Using the equivalent of "the more I . . . the more . . ." construction e.g.** Inta aan wax aqriyo baan fahmaa—*The more I read the more I understand.* Table: 3, 5.

**Using in order to** 'si' aan/ aad/ay/uu/aannu/ aydin, with **'u'** before the verb e.g. Si aan suuqa u tago—*In order to go to the market.* For negative sentences, use 'si' with aanan/aadan/aysan/ uusan/aynan/aydan e.g. Si aanan u daahin waa inaan goor hore tooso/kaco—*In order not to be late I must get up early.* Table: 2, 5.

**Using** (yaan(an), yaad(an), yay(san), yay(dan), yay(nan), yuu(san) (**let not** . . .) for negative sentences. Yaysan dawaco rida cunin!—*Let not a jackal eat the goat!* Table: 2.

**Using optative** (e.g. aan cabo: let me; aannu cabno; ha cabo, ha cabto, ha cabaan/cabeen. Table 5.

**Using optative form meaning** "no matter how . . ." etc. sida la/aan/uu/aad/ay/aynu/aydin e. g. Sida uu rabo casharku ha u adkaado, waan ku celcelinayaa—*No matter how difficult the lesson is, I will practise it.* Table: 5.

**Using how** 'sida' (for affirmative or negative sentences)—*sida* aan/ aad/ ay/uu/aannu/aydin, with the impersonal pronoun *la*,—sida loo (la+u, *u* from 'sida', when **'u'** is not used with **la**, put it before the verb) Sida ay qado u kariso—*How she cooks lunch.* For negative, use **sida** with aanan/ aadan/aysan/uusan/aynan/aydan e.g. Sida aanan gaadhi u hagaajinin—*How I do not fix a car.* Tables: 1,2, 5,8,9,10.

**Using Maadaama** (because of)-, it begins a
sentence to be followed by aan/aad/uu etc. for
affirmative sentences, and aanan/aadan/aysan
etc. for negative sentences e.g. Maadaama
aan imanayo goor dambe . . .—*because I am
arriving late . . .*; maadaama uusan London
tagaynin—*because he is/was not going to
London* . . . (use an adverb of time to eliminate
the ambiguity. Tables: 1, 2,5,8,9,10.

**Using waxa** positive or negative (begin with
(adverb of time/ adverb of manner+ object+)
waxa+verb in a reduced form+ subject) e.g.
Shaah waxa caba Jaamac—*Tea is drunk by
Jaamac*. For negative use **aan** after waxa and a
verb in simple past negative or past continuous
negative, ideally with an adverb of time to
eliminate the time-related ambiguity: Maalin
kasta shaah waxa aan cabin Jaamac—*Every day
tea is not drunk by Jaamac*). To change it into a
question begin the sentence with '**ma**' e. g. **Ma**
shaah waxa caba Rooble?—*Does Rooble drink tea?*
Tables: 1,2,4,7,9,10.

**Another use of aniga/ isaga/iyada/ innaga**
oo + aan (negative marker with negative past

verb—contractions are *anigoo; isagoon; iyadoon; innagoon; idinkoo* etc) = **without me/ him/her/us** e.g. Aniga oo aan lacagta bixinin buu gaadhiga i siiyay—*He gave me the car without paying the money.* Table 2.

**Using 'other than'** (**aan ka ahayn**) e.g. Ma jirto sabab aan ka ahayn inuu daahay—*There is no a reason other than that he is late.* Table 2. (The verb to be is in negative past.)

**Using obligation equivalent of "should/must have" positively (sometimes it is used to convey the meaning of 'had to'):** (waxay ahayd inaan/inaad etc. e.g. Waxay ahayd inaan goor hore tooso—*I should have got up early/I had to get up early.* For negative obligation sentences: May ahayn inaan/inaad etc . . . e.g. May ahayn inaad toosto goor dambe—*You should not have got up late.* Place **ma** before '**waxay ahayd**' to form positive or negative interrogative (e.g. Ma waxay ahayd inaad goor hore toostid?—*Should you have got up early?*) or replace **waxay** with **miyay** e.g. Miyay ahayd inaad goor dambe toostid?—*Should you have got up late?* Tables: 2, 5.

**Using haddii** (if) **inta** (while /as long as); use **intii** (while) for the past—all followed by la/ aan/aad/uu/ay/ aydin/aannu etc), **markii** la/aan/ aad/uu etc.; for negative interrogative sentences use aan (for la)/ aanan/aadan/uusan/aynan/ aysan/aadan—e.g. Haddii aan tago magaalo kale waan booqdaa dukaamo—*If I go to another town I visit shops.* Marka aysan shaqaynaynin way nasataa—*When she is not working, she takes a rest.* Intii aan joogay Laas Caanood waxaan la kulmay maamuleyaal—*While in Las Anod I met head teachers.* Tables: 1,2, 5,8,9,10.

**Using 'while' type two positively**—aniga/adiga/ isaga/iyada/iyaga/idinka/innaga etc+oo and with a verb in reduced form, simple present, to covey simple past in English e.g. Aniga oo shaqaynaya buu telefoon ii soo diray—*He phoned me while I was working.* (Some verbs like **joog** and **soco** are used in simple present to convey present continuous tense meaning in English. Tables: 1,4, 7.

**Using wh**o (affirmative relative clause with head noun as **subject** (e.g. Ninka (oo) gaadhiga hagaajiya waa Rooble—*The man who fixes the car is Rooble.* (With a negative relative clause—use a negative marker **aan** e.g. Qof aan dadaalin imtixaanka ka hor wuu guul-darraystaa— *The person who does not make effort before the examination fails*) tables: 1, 2,4,7,9, 10.

**Using whom for positive (**relative clauses with head noun or pronoun as object positive or negative e.g. Ninka aan la hadlay shalayto waa Sabriye— *The man whom I spoke to yesterday is Sabriye*. Ninka aanan la hadlin shalayto waa Sabriye— *The man whom I did not speak to yesterday is Sabriye* Tables: 1, 2,5, 8,9,10.

**Using 'whom' in a subordinate clause** with head noun or pronoun as **subject** e.g. Wuxuu guursaday Sahra oo uu kula kulmay jaamacadda— *He married Sahra, whom he met at the university*. Tables: 1,2,3,5, 8 9, 10.

# Somali Verb Tables

## 1. Simple past (positive and positive interrogative)

| Verbs | Independent Somali Pronouns | | | | | | |
|---|---|---|---|---|---|---|---|
| | Aniga<br>I | Isaga<br>He | Adiga<br>You,<br>singular | Iyada<br>She | Idinka<br>You, plural | Iyaga<br>They | Innaga<br>We |
| Conj.1 | keenay | keenay | keentay | keentay | keenteen | keeneen | keennay |
| Conj.2a | kariyay | kariyay | karisay | karisay | kariseen | kariyeen | karinnay |
| Conj.2b | sameeyay | sameeyay | samaysay | samaysay | samayseen | sameeyeen | samaynay |
| Conj.3a | joogsaday | joogsaday | joogsatay | joogsatay | joogsateen | joogsadeen | joogsannay |
| Conj.3b | furtay | furtay | furatay | furatay | furateen | furteen | furannay |
| Irr. verb | | | | | | | |
| Odho | idhi | yidhi | tidhi | tidhi | tidhaahdeen | yidhaahdeen | nidhi |
| Ool | iil | yiil | tiil | tiil | tiilleen | yaalleen | niil |
| Aqow | iqiin | yiqiin | tiqiin | tiqiin | tiqiinneen | yaqaanneen | niqiin |
| Imow | imid | yimid | timid | timid | timaaddeen | yimaadeen | nimid |
| Ah | ahaa | ahaa | ahayd | | | | |

## 2. Simple Past (negative and negative interrogative)

| Verbs | Independent Somali Pronouns | | | | | | |
|---|---|---|---|---|---|---|---|
| | Aniga<br><br>I | Isaga<br><br>He | Adiga<br>You,<br>singular | Iyada<br><br>She | Idinka<br>You, plural | Iyaga<br>They | Innaga<br>We |
| Conj.1 | keenin | keenin | keenin | keenin | keenin | keenin | keenin |
| Conj.2a | karinin | karinin | karinin | karinin | karinin | karinin | karinin |
| Conj.2b | samaynin | samaynin | samaynin | samaynin | samaynin | samaynin | samaynin |
| Conj.3a | joogsanin | joogsanin | joogsanin | joogsanin | joogsanin | joogsanin | joogsanin |
| Conj.3b | furanin | furanin | furanin | furanin | furanin | furanin | furanin |
| Irr. verb | | | | | | | |
| Odho | odhanin | odhanin | odhanin | odhanin | odhanin | odhanin | odhanin |
| Ool | oollin | oollin | oollin | oollin | oollin | oollin | oollin |
| Aqow | aqoonin | aqoonin | aqoonin | aqoonin | aqoonin | aqoonin | aqoonin |
| Imow | imanin | imanin | imanin | imanin | imanin | imanin | imanin |
| Ah | ahayn | ahayn | ahayn | ahayn | ahayn | ahayn | ahayn |

117

## 3. Simple Present (non-reduced-positive and positive interrogative)

| Verbs | Independent Somali Pronouns | | | | | | |
|---|---|---|---|---|---|---|---|
| | Aniga<br>I | Isaga<br>He | Adiga<br>You,<br>singular | Iyada<br>She | Idinka<br>You, plural | Iyaga<br>They | Innaga<br>We |
| *Conj.1* | keenaa | keenaa | keentaa | keentaa | keentaan | keenaan | keennaa |
| *Conj.2a* | kariyaa | kariyaa | karisaa | karisaa | karisaan | kariyaan | karinnaa |
| *Conj.2b* | sameeyaa | sameeyaa | samaysaa | samaysaa | samaysaan | sameeyaan | samaynaa |
| *Conj.3a* | joogsadaa | joogsadaa | joogsataa | joogsataa | joogsataan | joogsadaan | joogsannaa |
| *Conj.3b* | furtaa | furtaa | furataa | furataa | furataan | furtaan | furannaa |
| *Irr.v.* | | | | | | | |
| Odho | idhaahdaa | yidhaahdaa | tidhaahdaa | tidhaahdaa | tidhaahdaan | yidhaahdaan | nidhaahna |
| Ool | aallaa | yaallaa | taallaa | taallaa | taalliin | yaalliin | naallaa |
| Aqow | aqaannaa | yaqaannaa | taqaannaa | taqaannaa | taqaanniin | yaqaanniin | naqaannaa |
| Imow | imaadaa | yimaadaa | timaaddaa | timaaddaa | timaaddaan | yimaadaan | nimaadnaa |
| Ah | ahay | yahay | tahay | tahay | tihiin | yihiin | nahay |

## 4. Simple Present (reduced form—positive and positive interrogative)

| Verbs | Independent Somali Pronouns | | | | | | |
|---|---|---|---|---|---|---|---|
| | Aniga\n\nI | Isaga\n\nHe | Adiga\nYou,\nsingular | Iyada\n\nShe | Idinka\n\nYou, plural | Iyaga\n\nThey | Innaga\n\nWe |
| Conj.1 | keena | keena | keenta | keenta | keena | keena | keenna |
| Conj.2a | kariya | kariya | karisa | karisa | kariya | kariya | karinna |
| Conj.2b | sameeya | sameeya | samaysa | samaysa | sameeya | sameeya | samayna |
| Conj.3a | joogsada | joogsada | joogsata | joogsata | joogsada | joogsada | joogsanna |
| Conj.3b | furta | furta | furata | furata | furta | furta | furanna |
| Irr. verb | | | | | | | |
| Odho | idhaahda | yidhaahda | tidhaahda | tidhaahda | yidhaahda | yidhaahda | nidhaahna |
| Ool | aalla | yaalla | taalla | taalla | yaalla | yaalla | naalla |
| Aqow | aqaanna | yaqaanna | yaqaanna | taqaanna | yaqaanna | yaqaanna | naqaanna |
| Imow | imaada | yimaada | yimaada | timaadda | yimaada | yimaada | nimaadna |

# 5. Simple Present (negative)

| Verbs | Independent Somali Pronouns | | | | | | |
|---|---|---|---|---|---|---|---|
| | Aniga<br>I | Isaga<br>He | Adiga<br>You,<br>singular | Iyada<br>She | Idinka<br>You, plural | Iyaga<br>They | Innaga<br>We |
| *Conj. 1* | keeno | keeno | keento | keento | keentaan | keenaan | keenno |
| *Conj. 2a* | kariyo | kariyo | kariso | kariso | karisaan | kariyaan | karinno |
| *Conj. 2b* | sameeyo | sameeyo | samayso | samayso | samaysaan | sameeyaan | samayno |
| *Conj. 3a* | joogsado | joogsado | joogsato | joogsato | joogsataan | joogsadaan | joogsanno |
| *Conj. 3b* | furto | furto | furato | furato | furataan | furtaan | furanno |
| *Irr. verb* | | | | | | | |
| Odho | idhaahdo | yidhaahdo | tidhaahdo | tidhaahdo | tidhaahdaan | yidhaahdan | nidhaahno |
| Ool | aallo | yaallo | taallo | taallo | taalliin | yaalliin | naallo |
| Aqow | aqaan | yaqaan | taqaan | taqaan | taqaanniin | yaqaanniin | naqaan |
| Imow | imaado | yimaado | timaaddo | timaaddo | timaaddaan | yimaadaan | nimaadno |

## 6. Present continuous tense (non-reduced — positive and positive interrogative)

| Verbs | Independent Somali Pronouns | | | | | | |
|---|---|---|---|---|---|---|---|
| | Aniga<br>I | Isaga<br>He | Adiga<br>You,<br>singular | Iyada<br>She | Idinka<br>You, plural | Iyaga<br>They | Innaga<br>We |
| Conj.1 | keenayaa | keenayaa | keenaysaa | keenaysaa | keenaysaan | keenayaan | keenaynaa |
| Conj.2a | karinayaa | karinayaa | karinaysaa | karinaysaa | karinaysaan | karinayaan | karinaynaa |
| Conj.2b | sameynayaa | sameynaya | samaynaysaa | samaynaysaa | sameynaysaan | sameynayaa | samaynaynaa |
| Conj.3a | joogsanaya | joogsanaya | joogsanaysaa | joogsanaysaa | joogsanaysaan | joogsanayaan | joogsanaynaa |
| Conj.3b | furanayaa | furanaya | furanaysaa | furanaysaa | furanaysaan | furanayaan | furanayna |
| Irr.verb | | | | | | | |
| Odho | odhanayaa | odhanayaa | odhanasyaa | odhanaysaa | odhanaysaan | odhanayaan | odhanaynaa |
| Ool | oollayaa | oollayaa | oollaysaa | oollaysaa | oollaaysaan | oollaayaan | oollaynaa |
| Aqow | aqoonayaa | aqoonayaa | aqoonaysaa | aqoonaysaa | aqoonaysaan | aqoonayaan | aqoonaynaa |
| Imow | imanayaa | imanayaa | imanaysaa | imanaysaa | imanaysaan | imanayaan | imanaynaa |

121

## 7. Present continuous tense (reduced form—positive and positive interrogative)

| Verbs | Independent Somali Pronouns | | | | | | |
|---|---|---|---|---|---|---|---|
| | Aniga<br>I | Isaga<br>He | Adiga<br>You,<br>singular | Iyada<br>She | Idinka<br>You, plural | Iyaga<br>They | Innaga<br>We |
| Conj.1 | keenaya | keenaya | keenaysa | keenaysa | keenaya | keenaya | keenayna |
| Conj.2a | karinaya | karinaya | karinaysa | karinaysa | karinaya | karinaya | karinayna |
| Conj.2b | sameynaya | sameynaya | samaynaysa | samaynaysa | sameynaya | sameynaya | samaynayna |
| Conj.3a | joogsanaya | joogsanaya | joogsanaysa | joogsanaysa | joogsanaya | joogsanaya | joogsana |
| Conj.3b | furanaya | furanaya | furanaysa | furanaysa | furanaya | furanaya | furanayna |
| Irr.verb | | | | | | | |
| Odho | odhanaya | odhanaya | odhanaya | odhanaysa | odhanaya | odhanaya | odhanayna |
| Ool | oollaya | oollaya | oollaysa | oollaysaa | oollaaya | oollaaya | oollayna |
| Aqow | aqoonaya | aqoonaya | aqoonaysa | aqoonaysa | aqoonaya | aqoonaya | aqoonayna |
| Imow | imanaya | imanaya | imanaya | imanaysa | imanaya | imanaya | imanayna |

# 8. Present continuous tense (negative)

| Verbs | Independent Somali Pronouns | | | | | | |
|---|---|---|---|---|---|---|---|
| | Aniga<br>I | Isaga<br>He | Adiga<br>You,<br>singular | Iyada<br>She | Idinka<br>You, plural | Iyaga<br>They | Innaga<br>We |
| *Conj.1* | keenayo | keenayo | keenayso | keenayso | keenaysaan | keenayaan | keenayno |
| *Conj.2a* | karinayo | karinayo | karinayso | karinayso | karinaysaan | karinayaan | karinayno |
| *Conj.2b* | sameynayo | sameynayo | samaynayso | samaynayso | sameynaysaan | sameynayaa | samaynayno |
| *Conj.3a* | joogsanayo | joogsanayo | joogsanayso | joogsanayso | joogsanaysaan | joogsanayaan | joogsanayno |
| *Conj.3b* | furanayo | furanayo | furanayso | furanayso | furanaysaan | furanayaan | furanayno |
| *Irr.verb* | | | | | | | |
| Odho | odhanayo | odhanayo | odhanasyo | odhanasyo | odhanaysaan | odhanayaan | odhanayno |
| Ool | oollayo | oollayo | oollayso | oollayso | oollaaysaan | oollaayaan | oollayno |
| Aqow | aqoonayo | aqoonayo | aqoonayso | aqoonayso | aqoonaysaan | aqoonayaan | aqoonayno |
| Imow | imanayo | imanayo | imanayso | imanayso | imanaysaan | imanayaan | imanayno |

## 9. Past continuous tense (positive or positive interrogative)

| Verbs | Independent Somali Pronouns | | | | | | |
|---|---|---|---|---|---|---|---|
| | Aniga<br>I | Isaga<br>He | Adiga<br>You,<br>singular | Iyada<br>She | Idinka<br>You, plural | Iyaga<br>They | Innaga<br>We |
| Conj.1 | keenayay | keenayay | keenaysay | keenaysay | keenayseen | keenayeen | keenaynay |
| Con.2a | karinayay | karinayay | karinaysay | karinaysay | karinayseen | karinayeen | karinaynay |
| Conj.2b | sameynayay | sameynayay | sameynaysay | sameynaysay | sameynayseen | sameynayeen | sameynaynay |
| Conj.3a | joogsanayay | joogsanayay | joogsanaysay | joogsanaysay | joogsanayseen | joogsanayeen | joogsanaynay |
| Conj.3b | furanayay | furanayay | furanaysay | furanaysay | furanayseen | furanayeen | furanaynay |
| Irr. verbs | | | | | | | |
| Odho | odhanayay | odhanayay | odhanaysay | odhanaysay | odhanayseen | odhanayeen | odhanaynay |
| Ool | oollayn | oollayn | oollaysay | oollaysay | oollaysayseen | oollayeen | oollaynay |
| Aqow | aqoonayay | aqoonayay | aqoonaysay | aqoonaysay | aqoonaysayseen | aqoonayeen | aqoonaynay |
| Imow | imanaynay | imanaynay | imanaysay | imanaysay | imanaysay | imanayeen | imanaynay |

# 10. Past continuous tense (negative—for negative and negative interrogative)

| Verbs | Independent Somali Pronouns | | | | | | |
|---|---|---|---|---|---|---|---|
| | Aniga<br>I | Isaga<br>He | Adiga<br>You,<br>singular | Iyada<br>She | Idinka<br>You, plural | Iyaga<br>They | Innaga<br>We |
| Conj.1 | keenayaynin | keenayaynin | keenayaynin | keenayaynin | keenayaynin | keenayaynin | keenayaynin |
| Con.2a | karinayaynin | karinayaynin | karinayaynin | karinayaynin | karinayaynin | karinayaynin | karinayaynin |
| Conj.2b | sameynaynin | sameynaynin | sameynaynin | sameynaynin | sameynaynin | sameynaynin | sameynaynin |
| Conj.3a | joogsanaynin | joogsanaynin | joogsanaynin | joogsanaynin | joogsanaynin | joogsanaynin | joogsanaynin |
| Conj.3b | furanaynin | furanaynin | furanaynin | furanaynin | furanaynin | furanaynin | furanaynin |
| Irr. verbs | | | | | | | |
| Odho | odhanaynin | odhanaynin | odhanaynin | odhanaynin | odhanaynin | odhanaynin | odhanaynin |
| Ool | oollaynin | oollaynin | oollaynin | oollaynin | oollaynin | oollaynin | oollaynin |
| Aqow | aqoonaynin | aqoonaynin | aqoonaynin | aqoonaynin | aqoonaynin | aqoonaynin | aqoonaynin |
| Imow | imanaynin | imanaynin | imanaynin | imanaynin | imanaynin | imanaynin | imanaynin |